हरिशंकर परसाई

22 अगस्त, 1924 को मध्य प्रदेश, होशंगाबाद के जमानी गाँव में जन्मे हरिशंकर परसाई का आरम्भिक जीवन कठिन संघर्ष का रहा। पारिवारिक जिम्मेदारियों के बीच उन्होंने नागपुर विश्वविद्यालय से हिन्दी में एम.ए. किया और फिर 'डिप्लोमा इन टीचिंग' का कोर्स भी।

उनकी प्रकाशित कृतियाँ हैं–'हँसते हैं रोते हैं', 'जैसे उनके दिन फिरे' (कहानी-संग्रह); 'रानी नागफनी की कहानी', 'तट की खोज' (उपन्यास); 'तब की बात और थी', 'भूत के पाँव पीछे', 'बेईमानी की परत', 'वैष्णव की फिसलन', 'पगडंडियों का ज़माना', 'शिकायत मुझे भी है', 'सदाचार का तावीज़', 'विकलांग श्रद्धा का दौर', 'तुलसीदास चन्दन घिसैं', 'हम इक उम्र से वाकिफ हैं', 'जाने-पहचाने लोग', 'कहत कबीर', 'ठिठुरता हुआ गणतंत्र' (व्यंग्य निबन्ध-संग्रह); 'पूछो परसाई से' (साक्षात्कार)। 'परसाई रचनावली' शीर्षक से छह खंडों में उनकी सभी रचनाएँ संकलित हैं। लगभग सभी भारतीय भाषाओं और अंग्रेजी में उनकी रचनाओं के अनुवाद हुए हैं।

उन्हें 'साहित्य अकादेमी पुरस्कार', मध्य प्रदेश के 'शिखर सम्मान' समेत कई पुरस्कारों से सम्मानित किया गया।

10 अगस्त, 1995 को उनका निधन हुआ।

एक लड़की पाँच दीवाने

हरिशंकर परसाई

राजकमल पेपरबैक्स

पहला संस्करण 1973 में लोकचेतना प्रकाशन, जबलपुर से प्रकाशित

राजकमल पेपरबैक्स में
पहला संस्करण : 2024

राजकमल पेपरबैक्स : उत्कृष्ट साहित्य के जनसुलभ संस्करण

राजकमल प्रकाशन प्रा. लि.
1-बी, नेताजी सुभाष मार्ग, दरियागंज
नई दिल्ली-110 002
द्वारा प्रकाशित

शाखाएँ : अशोक राजपथ, साइंस कॉलेज के सामने, पटना-800 006
पहली मंजिल, दरबारी बिल्डिंग, महात्मा गांधी मार्ग, प्रयागराज-211 001
1, अनमोल सोराबजी सन्तुक लेन, धोबी तलाव, मरीन लाइंस, मुम्बई-400 002
वेबसाइट : www.rajkamalprakashan.com
ई-मेल : info@rajkamalprakashan.com

विकास कंप्यूटर एंड प्रिंटर्स
ट्रॉनिका सिटी-201 102
द्वारा मुद्रित

मूल्य : ₹199

EK LADKI, PAANCH DEEVANE
Short Stories by Harishankar Parsai

ISBN : 978-93-6086-163-6

एक लड़की पाँच दीवाने

क्रम

एक लड़की, पाँच दीवाने

एक लड़की, पाँच दीवाने

गोर्की की कहानी है : '26 आदमी और एक लड़की'। इस लड़की की कहानी लिखते मुझे वह कहानी याद आ गई। रोटी के एक पिंजड़ानुमा कारखाने में 26 मजदूर सुअर से भी बदतर हालत में रहते और काम करते हैं। मालिक की जवान लड़की जब निकलती है, वे सब सीखचों से उसे देखते हैं। जीवन के रेगिस्तान में थोड़ी हरियाली आती है। वे उसे देवी जैसी पूजते हैं। अलग-अलग और इकट्ठे उससे प्रेम करते हैं। एक दिन जब वह अपने उच्चवर्गीय प्रेमी के साथ बाहर निकलती है, वे आदतन उसे झाँकते हैं। लड़की कहती है—'सुअर कहीं के!' और प्रेमी के साथ चली जाती है।

पर जिस लड़की की कहानी मैं लिख रहा हूँ, वह बड़े आदमी की लड़की नहीं, गरीब मध्यवर्गीय परिवार की बड़ी लड़की है। पिता सरकारी नौकर है। पत्नी बच्चे पैदा करने में गांधारी की स्पर्धा करती है। गांधारी ने अंधे पति से 100 बेटे पैदा कर दिये थे, इस औरत ने जवानी में ही आँखों वाले पति से चार पैदा कर लिये हैं। पाँचवें का शिलान्यास हो गया है। मरियल है। पूरा खाना को नहीं मिलता। शरीर में खून नहीं। हड्डी ही हड्डी है।

बड़ी लड़की विशेष दुर्बल नहीं है। वही खाना बनाती है। माँ तो लगातार प्रसूती ही रहती है। लगता है, लड़की खाना बनाते-बनाते एकाध

रोटी ज्यादा निगल लेती होगी। रोटी बड़े-बड़े क्रान्तिकारियों को कमजोर बनाती है। चे गुएवारा ने डायरी में लिखा है कि एक बहादुर गुरिल्ला साथी एक दिन चोरी से डबलरोटी के दो टुकड़े खा गया। दूसरे दिन उसे दंड में नाश्ता नहीं दिया गया।

लड़की छरहरी है। सुन्दरी है। और गरीब की लड़की है।

मुहल्ला ऐसा है कि लोग 12-13 साल की बच्ची को घूर-घूर कर जवान बना देते हैं। वह समझने लगती है कि कहाँ घूरा जा रहा है। वह इन अंगों पर ध्यान देने लगती है। ब्लाउज को ऊँचा करने लगती है। नीचे कपड़ा रख लेती है। कटाक्ष का अभ्यास करने लगती है। पल्लू कब खसकाना और कैसे खसकाना—यह अभ्यास करने लगती है। घूरने से शरीर बढ़ता है।

आँखें बड़ी ताकतवर होती हैं।

रहीम ने कहा है :

रहिमन मन महाराज के, दृग सों नहीं दिवान।
जाहि देख रीझे नयन, मन तेहि हाथ बिकान॥

मन के दीवान जी होते हैं, नयन। नयनों के उपयोग के ज्ञानी उनका असर जानते हैं। अगर आँखों का असर भीतर पड़ रहा है, तो स्त्री लॉकेट हाथ में लेकर उसे हिलाने लगती है। लॉकेट न हो तो साड़ी के पल्ले को अँगुली पर लपेटने लगती है। थोड़ी कठिनाई उसके साथ होती है, जो स्वेटर बुन रही है। पर ध्यान से देखो तो वह भी दो-चार खाने गलत बुन देती है और उन्हें उकेलकर फिर बुनने लगती है। बाकी चलतू साफ ही कह देती हैं—आज तो आपसे ही आइसक्रीम खाएँगे। चलिए।

लड़की को बाकी घूरने वाले अब हताश होकर कहीं और घूर रहे हैं। अब कुल पाँच दीवाने बचे हैं, जो सामने बैठते या चक्कर लगाते हैं। चक्कर लगाता प्रेमी बैठे प्रेमी से सवाया पड़ता है क्योंकि वह मेहनत करता है। फिर परम्परा से कूचे की खाक छानता चला आ रहा है। लड़की अठारह

साल की हो रही है। उभार पर है। छज्जे पर आकर देखने लगती है, तो उपस्थित दीवाना समझता है कि 'मेरे ही लिए खड़ी है और मुझी को देख रही है।' पाँचों दीवाने एक साथ सिर्फ शाम को होते हैं, क्योंकि वे दिन में काम पर जाते हैं। दिन में जो हाजिर होता है, वह छज्जा देखता रहता है, आँखें मिलाता है, हावभाव करता है।

सामने एक अधेड़ जनरल मर्चेंट की दुकान है। नीचे क्राकरी की। क्राकरी वाला जवान है, मगर उसकी मुसीबत यह है कि छज्जा सिर के ऊपर पड़ता है। जनरल मर्चेंट के बगल में किताबों की दुकान है, जिसका मालिक 40 साल का खूबसूरत आदमी है। ठीक सामने के दो कमरे के मकान में एक जवान आदमी रहता है, जो बीमा कंपनी में काम करता है और 5-6 सौ से ऊपर ही कमा लेता है। यह 3-4 घंटे ही बाहर रहता है। बाकी समय घर में काटता है। क्वाँरा है। घर के सामने एक हलवाई की दुकान है। 50 पर पहुँचता होगा, पर वह भी दीवाना है।

दीवाना नम्बर-1

इसे कुल 3-4 घंटे का काम है। माल यहाँ से वहाँ सप्लाई करके बरी हो जाता है और जनरल मर्चेंट की दुकान पर आकर बैठ जाता है।

आर्थिक कठिनाई में रहता है। इसने दाढ़ी बढ़ा ली है। दाढ़ी अलग-अलग तरह की होती है—प्रेमी की दाढ़ी अलग, मुल्ला की अलग और मुफलिस की अलग। इसने प्रेमी की दाढ़ी बढ़ा ली है। 'ट्रिम' करवाता है। दाढ़ी दीन भी होती है और रोबदार भी। यह दाढ़ी वाले के व्यक्तित्व और आँखों के भाव से मालूम हो जाता है। कुछ दाढ़ियाँ क्षमा-याचना करती मालूम होती हैं। इस प्रेमी का विश्वास है कि दाढ़ी बढ़ाकर आँखों में भिखारीपन लेकर औरत का सामना करो तो वह आकर्षित हो जाती है। यह दाढ़ी और दीनता लिये कभी दुकान पर बैठकर छज्जा देखता रहता है

या फिर सामने की सड़क पर टहलता है।

यह सही है कि कुछ औरतों को दाढ़ी पसन्द होती है। मैंने सुना है, कुछ औरतें पति की दाढ़ी को इतना पसन्द करती हैं कि सुबह दाढ़ी में टूथपेस्ट लगाकर उसी से ब्रश कर लेती हैं।

यह प्रेमी सिर्फ देखता है। वह छज्जे पर ऑक्सीजन लेने आती है, तो दाढ़ी वाला समझता है कि वह उसी को देखने आई है और दीन हो जाता है। वह करुणा में से प्रेम निकालना चाहता है। करुणा में से प्रेम निकलता भी है। गाँव की चलतू औरत कहती है—'इत्ते बड़े-बड़े आदमी के लड़के और मेरे गोड़ (पाँव) पड़ें। मेरा तो जी पसीज जाय है। नहीं करते नहीं बनै।'

दाढ़ी वाले को कभी-कभी लड़की का सामीप्य प्राप्त होता है। नीचे के नल से लड़की का भाई बालटियाँ भरकर ऊपर ले जाता है। कभी वह नहीं होता, तो लड़की पानी भरने आती है। तब दाढ़ी वाला प्रेमी पानी की बालटियाँ उठाकर दरवाजे तक रख आता है। वह कहती है—'बड़ी तकलीफ की तुमने भैया!' दाढ़ी वाला 'भैया' सम्बोधन से बहुत डरता है। कहीं यह राखी न बाँधने लगे! दाढ़ी वाले प्रेमी को 7-8 घंटे जनरल मर्चेंट की दुकान पर बैठने के लिए बहाना चाहिए। वह कहता है—'बड़े भैया, मैं तो फुरसत में रहता हूँ। कुछ काम हो, तो बता दिया करिए।' दुकानदार उसे पार्सल छुड़ाने और माल सप्लाई करने भेज देता है। सेठ ने बाहर का काम करने वाले नौकर को निकाल दिया है।

दीवाना नम्बर-2

यह 30 साल के लगभग है। गोरा और साधारणत: देखने में अच्छा है। इसे दूसरों से कुछ ज्यादा सुभीते भी हैं और कुछ असुविधाएँ भी। सुभीता यह है कि वह रुपये उधार दे देता है, पर उधार लेने लड़की का बाप आता है। वह

चाहता है, लड़की आए। कहता है—'तुम क्यों तकलीफ करते हो? बच्चों को भेज दिया करो।' पर बाप खुद ही उधार लेने आता है, या लड़की की माँ आ जाती है। असुविधा इस दीवाने को यह है कि लड़की ऊपर रहती है। वह उसे देख नहीं सकता। पीछे की तरफ जाता है, तो वहाँ ऊपर लकड़ी की जाली लगी है। लड़की उसे दिखती नहीं है। मजबूरी में वह पुस्तक-प्रेमी हो गया है। वह सामने की किताब की दुकान पर बैठता है एकाध घंटे और मुआवज़े के रूप में गुलशन नन्दा की कोई किताब खरीद लाता है।

इधर एक तरीका उसने और निकाला। सब्जी का ठेले वाला थोड़ी दूर पर, जहाँ रोज काफी सब्जी खरीदने वाले परिवार रहते हैं, खड़ा होता है। क्राकरी वाले ने सोचा कि ठेले वाला यहाँ भी खड़ा हो, तो वह सब्जी खरीदने नीचे आया करेगी। उसने ठेले वाले से कहा—'इधर भी खड़े रहा करो।' उसने उम्मीद की कि 'भाव-ताव को लेकर बात होगी। कभी उसके पास पैसे न होंगे, तो मैं उधार में दिला दूँगा और बाद में चुकारा कर दूँगा।'

ठेले वाले ने कहा—'यहाँ, भाई साब, खरीदने वाले ही नहीं हैं।'

दीवाने ने कहा—'हैं क्यों नहीं? एक-दो रोज देखो।'

ठेले वाला दरवाजे के पास खड़ा होकर आवाज लगाने लगा। लड़की ऊपर से आई। उसने पूछा—'आलू क्या भाव दिये?'

इतने में दीवाना क्राकरी के ग्राहक को छोड़कर ठेले के पास आ गया। प्रेम में बड़ा त्याग करना पड़ता है। ग्राहक खोना पड़ता है।

ठेले वाले से कहा—'ठीक भाव से देना।' और लड़की से आँखें मिलाने लगा।

लड़की ने कहा—'पाव किलो आलू दे दो।'

सब्जी वाला निराश हुआ। क्राकरी वाला नैतिक संकट में आ गया।

उसने कहा—'ए, एक किलो दे दो। बाकी पैसे कल ले जाना।'

सब्जी वाले ने भरोसा कर लिया। उसने एक किलो तौल दिये। पर सब्जी वाले को रोज वहाँ रोकने के लिए इतनी खरीद काफी नहीं थी।

क्राकरी वाले ने लड़की के बाकी पैसे दिये और घर के लिए दो-तीन किलो सब्जी और खरीद ली। उसे भरोसा हो गया कि सब्जी वाला अब रोज यहाँ खड़ा होगा और मेल-जोल बढ़ेगा।

पर प्रेम का रास्ता काँटों का रास्ता है। पता नहीं, इस सनातन मार्ग पर कब कांक्रीट की सड़कें बनेंगी! अभी भी प्रेम में काँटों भरी पगडंडी पर से चलना पड़ता है। योजना आयोग को अगली योजना में प्रेम की कांक्रीट की सड़कों का प्रावधान करना चाहिए।

बात यह हुई कि जब क्राकरी वाला जवान दोपहर को सब्जी लेकर घर पहुँचा और उसके पिता ने सब्जी देखी, तो डाँटा—'तुझसे किसने कहा था कि सब्जी ला? यह कचरा उठा लाया।'

बात यह है कि पिता रिटायर्ड बेकार आदमी हैं। वह सुबह झोला लेकर सब्जी-बाजार चल देते हैं। दस दुकानें देखते हैं और बढ़िया सब्जी खरीदते हैं।

नतीजा प्रेमी के लिए बुरा हुआ। दूसरे दिन से उसने सब्जी खरीदना बन्द कर दिया और ठेले वाले ने वहाँ रुकना बन्द कर दिया। अब ऊपर के परिवार को सब्जी चाहिए, तो छोटी लड़की दूर खड़े ठेले से पाव किलो आलू खरीद जाती है। अब इस दीवाने को कुल इतना सहारा है कि सामने की किताब की दुकान पर बैठे, देखे और नजर बचाकर हलका-सा इशारा कर दे।

दीवाने अपने बरताव से लड़की को चतुर बनाए दे रहे हैं। भोली लड़की सुविधा की होती है। उसे पटाना आसान होता है। पर ये दीवाने उसे काइयाँ बना रहे हैं। यह इन्हीं के हित के विरुद्ध जा रहा है। अब वह लड़की आसान नहीं रही।

दीवाना नम्बर-3

यह सामने वाला हलवाई है। निहायत गंदी चड्डी और मैल से काली बनियान

पहनकर भट्ठी के सामने सबेरे बैठ जाता है। दाढ़ी खिचड़ी है और कई दिन बनाता नहीं है। दाँत पीले हैं; नाक को नाक नहीं, आलू बंडा कहा जा सकता है। जलेबी के बाद वह आलू बंडे और...और भजिये बनाता है।

यह विकट दीवाना है। छज्जे की तरफ देखते हुए कड़ाही में चमचा चलाता है। जलेबी जल भी जाती है। कभी कच्चे-कच्चे आलू-बंडे निकाल लेता है। तेल खाली जलता रहता है और वह छज्जे पर लड़की को देखता रहता है। फिर उसे जलेबी दिखाकर अपने पीले दाँतों से हँसता है। समझता है, गरीब की लड़की है, आकर जलेबी ले जाएगी। पर वह नहीं आती। एक दिन छोटी लड़की को उसने जलेबी दे दी थी। कहने लगा—'सब लोग बाँटकर खाना।' उसका मतलब था, वह मेहबूबा भी खा ले। पर मेहबूबा ने छोटी को डाँट दिया—'फिर उससे जलेबी लेगी, तो पिट जाएगी।'

इधर यह दीवाना पीले दाँत निकाले और नथुने फैलाए छज्जे की तरफ देख रहा था कि वह अब आई, अब आई, पर वह नहीं आई। तब दीवाना दुकान के इस कोने, उस कोने खड़ा होकर देखने लगा कि भीतर ही दिख जाए। लड़की सब कुछ भीतर से देख रही थी। आखिर वह बाहर छज्जे पर आकर खड़ी हो गई और हलवाई की तरफ देख लिया। वह कृतार्थ हो गया। उस वक्त वह आकर कहती कि 'मैं तुम्हारा तला हुआ हाथ खाऊँगी,' तो वह पंजा तलकर उसे खिला देता।

लोग उससे पूछते हैं—'तुम्हारी उम्र कितनी है? 50 के पार तो होगी?'

वह कहता है—'30 से ऊपर नहीं है। पाँच साल से भट्ठी के सामने बैठ रहा हूँ, इसलिए उमर ज्यादा लगती है। पाँच साल पहले देखते। अच्छे-अच्छे घरों की मरती थीं। दो-तीन तो जलकर मर गई थीं मेरे प्रेम में।'

जब वह छज्जे पर आती है, हलवाई पीले दाँत निकालकर, थूथने फैलाकर साँड़ की तरह दूर से सूँघता है कि तैयार हुई कि नहीं।

दीवाना नम्बर-4

यह खिलाड़ी है। कई जगह खेलता है। पैसे वाले का लड़का है। चेन सावधानी से कुरते के बाहर रखता है। यह अक्सर शाम को आता है। इसका विश्वास है, ट्यूबलाइट में आदमी ज्यादा खूबसूरत लगता है। इसका आना किसी को पसन्द नहीं—इसके अच्छे कपड़ों और चेन के कारण। पर तब लड़की चूल्हा फूँकती रहती है। आसपास के ट्यूबलाइट बेकार चले जाते हैं। एक-दो बार वह लड़की छज्जे पर आकर पसीना पोंछने लगती है। यह दीवाना समझता है कि चेन उसे दिख गई। यह सोने की चेन से बाँधकर उसे खींचना चाहता है। यह प्रेमी बड़े जोर-जोर से शेखियाँ बघारता है, ठहाके लगाता...है वह सुन ले कि कोई मस्ताना उसके लिए बेताब है। पर लड़की तब भीतर चूल्हा फूँकती होती है। दीवाना वहाँ लोगों को चाय पिलाता है...वह देख ले कि मैं इतना उदार हूँ। पर वह चूल्हा फूँकती है। जोर से कहता है—'अरे, हजारों रुपये फेंक दिये हैं, यहाँ तो पैसे को मिट्टी समझते हैं। जरूरतमन्द हो और माँगे, तो हजार-दो हजार दे देते हैं। और भूल जाते हैं।'

पर लड़की इसकी यह दैवी उदारता सुन नहीं पाती, क्योंकि रोटी बनाती होती है।

इस दीवाने ने समय गलत चुना। इसे शाम के पहले, सबेरे, या दोपहर को आना चाहिए।

पर इसकी भी मजबूरी है। इसके चेहरे पर चेचक के हलके दाग हैं, इसलिए इसे ट्यूबलाइट में ही आना पड़ता है।

यह भी किताब की दुकान पर थोड़ी देर बैठता है। वहाँ से रसोई बनाने का कोना दिख जाता है। फिर यह याद लिये हुए घर चला जाता है।

दीवाना नम्बर-5

इसे सबके बाद इसलिए ले रहा हूँ कि यह 100 फीसदी दीवाना है। एकमात्र गम्भीर और समर्पित दीवाना। गोरा आदमी है। अकेले जिन्दगी काट रहा है। हर स्त्री पर मोहित हो जाता है। पर जब से उस लड़की पर इसकी नजर पड़ी है, यह बिलकुल उसी का हो गया है। रात-दिन उसी की याद में लिप्त रहता है। काम में मन नहीं लगता। लोगों से बात करता है, तो या तो उसी की बात करता है, या गुमसुम उसके बारे में सोचता रहता है। ठीक सामने रहने के कारण भीतर से भी उसे बैठकर या लेटे हुए देखता रहता है।

यों 'सेक्स' यहाँ-वहाँ जमाता रहा है। इसे हर 6 महीने में मकान बदलना पड़ता है।

एक दोपहर को घबराया मेरे पास आया, कहने लगा—'मोहल्ले में पिटने की नौबत आ गई है।'

मैंने पूछा, तो उसने बताया—'मकान मालकिन गरीब है। उसने एक कमरा मुझे किराये पर दे रखा है। वह खुद एक से फँसी है। लड़की को मैंने पटा लिया था। एक लड़का भी है, जो मैट्रिक की परीक्षा में बैठने वाला है। आज दोपहर को लड़की आ गई, माँ ऊपर सो रही थी। हम दोनों बिस्तरे में थे कि माँ आ गई। देखा, तो चिल्लाई—अरे, इसे क्या चकलाघर समझ रखा है? भले आदमियों के मोहल्ले में ये कारनामे? मेरी लड़की को बिगाड़ रहे हो! मैं अभी मोहल्ले वालों को पुकारती हूँ और तुम्हारी बोटी-बोटी करवाती हूँ!'

मैंने पूछा—'फिर तुमने क्या किया?'

उसने कहा—'मैंने उसके पाँव पकड़ लिये और कहा—मुझे माफ कर दो।'

मैंने पूछा—'लड़की से उसने क्या किया?'

कहने लगा—'कुछ खास नहीं। एक हलका-सा चाँटा मारा और

कहा—चल, हरामजादी, ऊपर! लफंगों के चक्कर में फँसती है! मैं इस बदमाश को अभी पिटवाती हूँ। —मैंने फौरन साइकिल उठाई और आपके पास भागा चला आ रहा हूँ। क्या करूँ? मेरा वहाँ सामान पड़ा है। एक पेटी में काफी रुपया भी है। मैं लौटने में डरता हूँ। क्या सचमुच वह मुझे पिटवा देगी?'

मैंने कहा—'हाँ।'

उसने कहा—'पर मोहल्ले वालों को क्या मतलब? वे जानते हैं, वह औरत एक से फँसी है। क्या वे लोग मेरी बात नहीं मानेंगे?'

मैंने कहा—'बिलकुल नहीं मानेंगे। उसी की बात मानेंगे, हंगामा करेंगे। तुम्हें पीटेंगे। ऐसे हंगामे मोहल्ले की नीरसता भंग करते हैं। महीने में एकाध लड़की भगाई न जाए, या कोई बलात्कार न हो, तो मोहल्ले के निवासी बहुत बोर होते हैं।'

वह काफी घबराया हुआ था।

मैंने पूछा—'आज या कल लड़की की माँ से तुम्हारी कुछ बात हुई थी?'

उसने कहा—'हाँ, रात को और सबेरे मेरे पास बैठी रही। पैसे की तकलीफ बताती रही। कह रही थी—परसों मुन्ना की 50 रुपये परीक्षा फीस भरनी है। बड़ी परेशानी है। कुछ समझ में नहीं आता। सुबह भी वही चिन्ता बताती रही कि मुन्ना की फीस भरनी है।'

मैं मामला समझ गया। मैंने कहा—'फौरन घर जाओ, पेटी से पचास रुपये निकालो, ऊपर उसके पास जाकर उसे रुपये दो और कहो—लो, मुन्ना की फीस भर दो। जैसा तुम्हारा लड़का, वैसा मेरा भाई। पैसा तो आता-जाता रहता है। लड़के का साल बरबाद नहीं होना चाहिए। इसके सिवा कोई और रास्ता पिटने से बचने का नहीं है।'

यों ही उन्हें पसीना आ रहा था। पचास की बात सुनकर उन्होंने पीने को पानी माँगा।

कहने लगे—'पर उसने पीटने वाले इकट्ठे कर रखे हों, तो?'

मैंने कहा—'मैं निश्चित कहता हूँ, उसने अभी तक किसी से कुछ भी नहीं कहा होगा। वह तुम्हारी राह देख रही होगी।'

वह बोले—'पचास तो बहुत होते हैं। मेरा काम तो आधा भी नहीं हुआ था।'

मैंने कहा—'पचास दे दोगे, तो पिटने से तो बचोगे ही, रात को वह तुम्हारा पूरा काम करवा देगी। इस तरह डेवढ़ा काम हो जाएगा।'

वह बड़ी घबराहट में गए।

दूसरे दिन मिले, तो मैंने पूछा—'पिटे तो नहीं?'

उन्होंने कहा—'नहीं।'

मैंने पूछा—'उसने रुपये ले लिये?'

वह बोले—'हाँ, कहने लगी कि अरे भैया, तुम तो घर के ही हो। मुसीबत में तुम काम नहीं आओगे तो कौन आएगा!'

मैंने पूछा—'और रात को उसने पूरा काम तुम्हारा करवा दिया न?'

वह बोले—'हाँ, करवा दिया।' आपने ठीक कहा था कि डेवढ़ा हो जाएगा।

मैंने कहा—'अब उस मकान को फौरन छोड़ो और बहुत ही तकलीफ 'उस' मामले में हो, सुभीते का मामला न जमे, तो गांधी जी की शिक्षा के अनुसार चलो।'

उन्होंने पूछा—'गांधी जी ने इस 'सेक्स' के मामले में क्या सिखाया है, सिवा ब्रह्मचर्य के?'

मैंने कहा—'नहीं, उन्होंने अछूतोद्धार भी सिखाया है। 1-2 रुपयों में अछूतोद्धार कर लिया करो।'

वह गांधीभक्त हो गए।

अछूतोद्धार पर अधिक ध्यान देने लगे।

ब्राह्मण 500-600 रुपये कमाने वाला, देखने में अच्छा—फिर भी, शादी न हो, यह एक सवाल बहुत लोगों के मन में उठता है। परदेसी है

यहाँ। एक समस्या तो यही है कि लड़की वालों के सामने कौन सिद्ध करे कि यह ब्राह्मण ही है? उसकी वंशावली कौन बताए? परिवार के कोई बुजुर्ग दिलचस्पी लेते दिखते नहीं हैं।

ऐसा नहीं है कि लड़की वाले आते नहीं हैं। वह खुद भी तलाश करके लड़की वालों के यहाँ जाता है।

पर सुना है, एक विशेषता है उसमें। वह लड़की की अपेक्षा उसकी माँ पर ज्यादा ध्यान देने लगता है। इससे एक तो लड़की बिचकती है; दूसरे, माँ उसे कुछ 'यों ही' समझने लगती है। कुछ लोगों ने समझाया कि माँ को जरूर खुश करो, पर उसे माँ समझकर खुश करो। वह जवाब देता है—'मैं क्या करूँ? जिस परिवार में जाता हूँ, वहाँ माँ और लड़की, दोनों मेरे ऊपर मरने लगती हैं।'

यह समस्या बड़ी टेढ़ी है। माँ पर ध्यान देता है, तो लड़की बिचकती है और माँ लफंगा समझने लगती है, जहाँ माँ अनुकूल होने लगे, वहाँ वह लड़की को काटती है—'तेरा यहाँ क्या काम है? जाकर पढ़ती क्यों नहीं?' माँ और बेटी, दोनों पर एक साथ डोरे डालना खतरनाक होता है। कुछ पुरुष सोचते हैं कि लड़की नहीं तो माँ ही हाथ लग जाए। लड़की से तो शादी भी करनी पड़ सकती है। पर इधर यह प्रेमी लोगों से कहता जरूर है कि 'माँ मेरे पीछे पड़ी है।' उस आदमी की बड़ी आफत है जिसे दुनिया की हर स्त्री अच्छी लगती है और जो यह समझता है कि 'दुनिया की हर स्त्री मुझ पर जान देती है।' ऐसे में एक भी स्त्री हाथ नहीं पड़ती।

यह प्रेमी नम्बर-5 लड़की के पीछे दीवाना है। वह उससे शादी करना चाहता है। बिलकुल डूबा है। लड़की भी अनुकूल लगती है। वह इसी की तरफ ज्यादा ध्यान देती है।

दीवानों ने खुद एक सीधी लड़की को जो सहज ही फँसती, काइयाँ बना दिया है और अपना ही नुकसान कर लिया है।

प्रेमी रोज एक-दो प्रेम-कविताएँ लिखता है। प्रेमाभिभूति प्रसार माँगती

है। वह लोगों को सुनाता भी है। कविताएँ अच्छी होती हैं। सीधी भी होती हैं—'मेरे पास आओ—तो बैठो तो, मैं तुम्हारा हाथ सहलाऊँ और चूम लूँ'—वगैरह।

देखा-देखी तो बहुत हो चुकी। निकटता कैसे हो? प्रेमी बड़ा आविष्कारक होता है। लड़की का बाप शराब-प्रेमी है। इतवार की एक शाम उसने उसे बुलाया—'मिसिर जी, आइए न। यहीं बैठें।'

मिसिर जी आकर बैठ गए।

प्रेमी ने ठर्रे का अद्धा खोल लिया और चालू हो गया। मिसिर जी जब आधी से ज्यादा पी गए तो प्रेमी ने कहा—'आपको लड़की की शादी भी तो करना है।'

मिसिर जी ने झोंकते हुए कहा—'मुझे क्या चिन्ता? तुम जैसा दामाद किस...वाले को मिलेगा? तुम तो मेरे दामाद ही हो गए। दुनिया कुछ भी कहे। सबकी माँ की...'

उसने प्रेमी को गले लगा लिया।

प्रेमी को रात भर नींद नहीं आई।

सुबह मिसिर जी घर से निकले तो प्रेमी ने पुकारा—'मिसिर जी, जरा सुनिए तो।'

मिसिर जी ने चलते-चलते कहा—'ड्यूटी का टाइम हो रहा है, फिर मिलूँगा।'

उनका नशा उतर गया था।

एक नैतिकतावादी

यह सीधा, खूबसूरत पुस्तक-विक्रेता है। तीन बच्चे हैं। अच्छी पत्नी है। इसके लिए दुनिया में दूसरी और कोई औरत नहीं है।

मैं कभी-कभी उनके पास बैठता हूँ। वे पीड़ित हैं। कहते हैं—'यह

क्या चला है मुहल्ले में? बड़ी खराब बात है। तमाम हल्ला फैला हुआ है। यह बन्द होना चाहिए।'

फिर कहने लगे—'हमारी भी बदनामी हो रही है। वे तीन दीवाने हमारी दुकान पर आकर उससे आँखें लड़ाते हैं और इशारे करते हैं। इससे हमारे धन्धे पर असर पड़ेगा। मैंने उनमें से दो से तो साफ कह दिया कि यहाँ न बैठा करो।'

मैंने थोड़े हलके 'मूड' में कहा—'तुम तो हो बुद्धू! मैंने देखा है कि वह लड़की तुम्हारी तरफ बहुत देखती है। वह तुमसे बहुत आकर्षित है। तुम एकाध बार उसकी तरफ देख तो लिया करो।'

उन्होंने कहा—'फालतू बात मत करो। हम इन झंझटों में नहीं पड़ते। हमारी 'वाइफ' है।'

मैंने कहा—'यार, एक मात्र 'वाइफ' से काम नहीं चलता। तुम बहुत अरसिक हो। ऐसी-ऐसी खूबसूरत लड़कियाँ किताबें खरीदने आती हैं और तुम उनसे 5-10 पैसे कमीशन के लिए झिकझिक करते हो। कल यह जो पी-एच.डी. वाली आई थी, कैसे प्रेम से बातें कर रही थी! कहती थी—हम तो फर्स्ट इयर से आपके पास आ रही हैं। कहीं और जाती ही नहीं हैं और तुम उससे कहते थे, पाँच पैसे से ऊपर कमीशन हम नहीं देंगे। बेचारी कितनी निराश हुई! तुम्हें तो उसे किताबें यों ही दे देना था कि लो, ले जाओ, पढ़ो।'

उनका जवाब था—'जी हाँ, खूबसूरत औरतों को किताबें यों ही देता जाऊँ, तो तीन बच्चे मैंने पैदा कर रखे हैं, उनका पालन क्या वह पी-एच. डी. वाली करेगी?'

फिर वे नैतिकता, सदाचार, एक-पत्नीव्रत और पतिव्रत धर्म की बातें करने लगे।

मैंने कहा—'धर्मग्रंथ इस मामले में बहुत छूट देते हैं। देखो, पत्नीव्रत से पतिव्रत धर्म बड़ा होता है। पर तुलसीदास ने कहा है, उत्तम नारी के बारे में :

उत्तम कर अस बस मन माहीं।
सपनेहु आन पुरुष जग नाहीं॥

अर्थात् उत्तम स्त्री वह है जिसके लिए सपने में भी कोई पुरुष पराया नहीं है—सब अपने ही हैं।'

इस पर उनका रिमार्क था—'तुम्हारा दिमाग विकृत है! तुम उलटे और गलत अर्थ निकालते हो। अच्छा हुआ, जो तुमने पढ़ाने का धन्धा छोड़ दिया। हम इस सबको पसन्द नहीं करते। मैं उस तीसरे प्रेमी का भी आना बन्द करा दूँगा।'

और वे मुहल्ले की अनैतिकता पर और गमगीन हो गए।

फिर प्रेमी नम्बर-5

इस प्रेमी की बात मैंने बीच में छोड़ दी थी। यह आदर्श प्रेमी है। जो होने वाले ससुर को पहले से ही दारू पिलाए, वह आदर्श प्रेमी होता है। पर सुबह नशा उतरने के बाद वह यह जरूर सोचता होगा कि सम्भावित आदर्श दामाद शराब पीता है।

रात को लगभग डेढ़ पौआ पीकर जो गले लगाकर दामाद बना लेता है, वह सुबह यह कहकर टरका जाता है कि ड्यूटी पर जाना है। टाइम हो रहा है। दिन में उससे पक्की बात ही नहीं होती। घर में जाने का सिलसिला ही शुरू नहीं हो रहा।

लड़की की माँ चतुर है। वह सब समझ रही है।

एक दिन लड़की के घर में आटा नहीं था। चूल्हा ठंडा पड़ा था। माँ ने छोटी लड़की को प्रेमी के पास भेजा। बोली—'सामने वाले बाबूजी से कहना कि हमें थोड़ा आटा दे दें। हमारे घर आने पर लौटा देंगे।'

लड़की गई।

प्रेमी प्रेम में सिर से पाँव तक डूबा है।

कहता है—'मैं उसके लिए प्राण भी दे सकता हूँ।'

प्रेमिका भूखी बैठी है।

प्रेमी ने झट से लगभग दो किलो आटा लड़की को दे दिया।

मगर उसके जाने के बाद डायरी निकालकर उसके नाम दो किलो आटा और उसकी कीमत लिख ली।

मुझे ऐसे आदर्श प्रेमी बड़े अच्छे लगते हैं जो प्राण देने को तैयार हैं, मगर भूखी प्रेमिका को जो आटा देते हैं, उसकी कीमत उसके खाते में लिख लेते हैं। प्राण की कोई कीमत है? बाजार में कौन खरीदता है प्राण? आटा फिर भी एक किलो डेढ़ रुपये का होता है। हिसाब प्रेम में जरूरी होता है। कहीं प्रेम में फल नहीं आए या शादी न हुई तो कम-से-कम हिसाब तो रिकॉर्ड में रहेगा।

लड़की कभी दाल भी ले जाती है और प्रेमी उसकी कीमत प्रेमिका के खाते में डाल लेता है।

मिसिर जी कहते हैं—'तिवारी जी, 'एरिअर्स' मिलने वाले हैं। मिलते ही सब चुकता कर दूँगा।'

पर प्रेमी सोचता है—आटा, दाल और नकद के 'एरिअर्स' छोड़ो। प्रेम के जो 'एरिअर्स' हो गए हैं, वे तो जल्दी चुक जाएँ।

आखिर एक दिन छोटी लड़की ने सुबह आकर कहा—'भैया, अम्मा ने कहा है कि भोजन दोपहर को हमारे यहाँ करना।'

प्रेमी थोड़ी देर तो सन्न बैठा रहा।

फिर विचलित हुआ। आखिर घर में जाने का सिलसिला बँधा।

दोपहर के खाने को तीन घंटे थे। इतना समय कैसे काटे? क्या सिनेमा का मेटिनी शो देख आए? खुशी से अर्द्ध-विक्षिप्त हो गया। मन को लगाए रखने के लिए सामान सँभालने लगा। उसमें भी मन नहीं लगा। सड़क पर निकल पड़ा। चौराहे तक गया। बगल की दुकान से पान खाया। लौटा तो

फिर पान खाया। फिर दूसरे चौराहे तक गया। इस बार इधर के पान वाले से पान खाया। फिर दूसरे चौराहे की तरफ गया और फिर पान खाया। पान वालों ने कहा—'आज तिवारी जी, पन्द्रह-पन्द्रह मिनिट में पान खा रहे हैं। क्या बात है?'

वह दोनों चौराहों तक 6 बार जा चुका था और 24 पान खा चुका था। पता नहीं, पानों का हिसाब उसने प्रेमिका के खाते में लिखा या नहीं। फिर थककर बैठ गया और 'बच्चन' के गीत पढ़ने लगा—'आज न सोऊँगा, न सोने दूँगा तुमको हे मनभीने!' कई बार गाया।

फिर स्नान किया। झक-झक धोती और कुरता पहना। चेहरे पर स्नो लगाया और बिना आसपास देखे चोर की तरह सीढ़ियाँ चढ़ गया।

बड़े प्रेम से उन लोगों ने खाना खिलाया। खाने के बाद लड़की की माँ ने कहा—'भैया, काहे को हाथ से रोटी बनाते हो? यहीं खा लिया करो।'

सुनकर प्रेमी को थोड़ी देर तो होश नहीं रहा। फिर होश में आया तो बोला—'आप लोगों की इच्छा है, तो खा लिया करूँगा। पर आप लोगों के भी खर्चे लगे हैं। आपको 60 रुपये हर महीने लेने पड़ेंगे।'

माँ ने कहा—'आपस में पैसे की क्या बात है? आप तो शाम से ही खाना शुरू कर दो।'

6-7 आदमी का खाना वैसे ही बनता है। दाल में थोड़ा पानी ज्यादा डाल दो और सब्जी में भी तो सिर्फ 4-5 रोटियों की ही जरूरत तो है। 60 रु. गरीब परिवार को बहुत मदद है।

शाम को प्रेमी खाने गया तो पहले 60 रु. माँ के हाथ में रखे।

इधर बाकी दीवानों की दुनिया में तहलका मच गया—'साले ने वहाँ रोटी खाना शुरू कर दिया। इसे पीटकर मुहल्ले से भगाना पड़ेगा।'

प्रेमी दोनों टाइम आसपास बिना देखे सीढ़ियाँ चढ़ जाता है।

एक दिन हलवाई कहने लगा—'भैया, कोई दिन हमारी जलेबी भी चखा दो।'

पहले खाना माँ और छोटी लड़की परोसती थी, फिर बड़ी परोसने लगी। वह खाना कम और हाव-भाव ज्यादा परोसती थी।

सब दीवानों ने मिलकर सीधी लड़की को चतुर बना दिया है।

15-20 दिन बाद एक दोस्त ने कहा—'तिवारी जी, कुछ दुबले लग रहे हो। भोजन तो वहाँ अच्छा मिलता है न?'

प्रेमी ने कहा—'भोजन तो अच्छा मिलता है, पर जरा भूख ही कम हो गई है।'

मित्र ने कहा—'हाँ, भावातिरेक में खाया नहीं जाता।'

प्रेमी ने कहा—'हाँ, ऐसा ही है।'

मित्र ने कहा—'कुछ संकेत से आइडिया देती है?'

प्रेमी ने कहा—'हाँ, माँ की नजर बचाकर पल्ला लापरवाही से खिसकाकर ऊपर की चीज क्षण भर को दिखा देती है।'

और वह ध्यानमग्न हो गए।

मित्र सच्चा है। प्रेमी से सहानुभूति है। चाहता है, इसकी शादी उससे हो ही जाए।

पर माँ-बाप जाँच रहे हैं। भरोसा कर लेना चाहते हैं।

इधर प्रेमी ने उस ऊपर वाली चीज को क्षण भर कभी दिखा देने के उपलक्ष्य में 60 रुपये के 70 रुपये कर दिये।

तीन महीने भोजन का सिलसिला चला, फिर एक दिन वह बन्द हो गया।

मित्र ने पूछा, तो बोला—'वहाँ अब खाना नहीं खाऊँगा। होटल में खाऊँगा।'

फिर उसने हिसाब की किताब निकाली और दाल-चावल, नकद का टोटल करके बोला—'ढाई सौ रुपये खर्च हो गए। अब तो चाहे जो हो, मैं उसे लेकर भाग जाऊँगा। चाहे नौकरी चली जाए, चाहे भूखा मर जाऊँ, मैं उसके बिना रह नहीं सकता।'

दोस्त ने पूछा—'क्या वह भागने को तैयार है और कानूनी हिसाब से बालिग हो गई है?'

प्रेमी ने कहा—'भागेगी क्यों नहीं? जरूर भागेगी। बालिग-फालिग की मैं परवाह नहीं करता। मैं उसके लिए जेल जा सकता हूँ, प्राण दे सकता हूँ।'

फिर उसने हिसाब की कॉपी देखी और कहा—'ढाई सौ रुपये चले गए।'

दोस्त ने पूछा—'पर सम्बन्ध खराब कैसे हो गए?'

प्रेमी ने कहा—'अरे, वे आदमी और औरत ऐसे ही हैं।'

दोस्त ने अन्दाज लगाया कि इसकी तुनकमिजाजी के कारण शायद सम्बन्ध बिगड़े हों, या यह उतावली में कुछ आगे बढ़ने लगा हो!

प्रेमी अब उस घर की तरफ देखता नहीं है।

बाकी दीवाने रिमार्क करते हैं उसे सुनाकर—'कट गई पत्ती! कट गई!'

एक दिन प्रेमी अपने दोस्त से कहने लगा—'लड़की के माँ-बाप अब मुझसे डरने लगे हैं। जानते हैं कि लड़की मुझ पर मोहित है। कहीं मैं कुछ कर न बैठूँ। उसे लेकर भाग न जाऊँ।'

दोस्त ने कहा—'लड़की पहले चाहे जो कहे, अक्सर भागने के वक्त पीछे हट जाती है। कहती है—हृदय से तो मैं तुम्हारी हूँ और हमेशा रहूँगी। लड़कियों को ये मुहावरे रटे रहते हैं।'

प्रेमी ने कहा—'वह ऐसी नहीं है। साहसी है। इसी वक्त उसे घर से निकाल सकते हैं।'

फिर कहने लगा—'वे लोग चाहते हैं कि मैं यह मकान छोड़ दूँ। छोड़ूँगा, तो पैसे लेकर छोड़ूँगा। यों ही नहीं छोड़ दूँगा। कहूँगा—पचास रुपये दो, तो मकान छोड़ देता हूँ।'

आदर्श प्रेमी के यही लक्षण होते हैं।

वह उदास रहता है। चिढ़ता है। हर आदमी को अपना शत्रु समझता है।

दोस्त ने सलाह दी—'पुराने खयालात के आदमी हैं। घर से किसी बुजुर्ग को बुला लो। वे बाकायदा सम्बन्ध की बात कर लेंगे।'

प्रेमी ने कहा—'बुजुर्गों की ऐसी की तैसी! जब सालों ने इस उम्र तक परवाह नहीं की, तो अब मैं उन्हें नहीं बुलाऊँगा। जो करना होगा, मैं करूँगा। मैं क्रान्तिकारी आदमी हूँ।'

लड़की

गरीब आदमी की है। घर का सब काम करती है—रोटी बनाना, घर साफ करना, कपड़े धोना। सीधी, भोली लड़की। थोड़ी देर पढ़ने चली जाती थी। अभी-अभी उसने किसी तरह मैट्रिक पास किया है। उसे लगता था, यही उसकी जिन्दगी है।

पर दीवानों ने अपनी हरकतों से उसे भान करा दिया कि उसके पास रोटी बनाने, कपड़े धोने और घर साफ करने के सिवा कुछ और भी है, जो घर के नहीं, बाहर वालों के काम का है। यों उम्र पाकर हर लड़की को यह बोध हो ही जाता है, पर इसे थोड़ा पहले ही दीवानों ने करा दिया। इसीलिए वह छज्जे पर बार-बार आकर घर के दमघोंट वातावरण से मुक्ति पाती रही और लगातार समझती रही कि वह क्या है, जो घर के नहीं, बाहर के काम का है।

17 साल तक पहुँचते-पहुँचते वह समझ गई कि गरीबी के कारण उसकी शादी होना कठिन है। उसका दम यहीं घुट जाएगा। या किसी ऐसे के गले मढ़ दी जाएगी, जहाँ वह यहाँ से भी ज्यादा घुटे।

वह सोचने लगी कि प्रेमी नम्बर पाँच से ही शादी हो जाए, तो ठीक हो, बाकी दीवानों को वह जानने लगी थी। शादी करने का इच्छुक वही सिर्फ दीवाना नम्बर पाँच था। 18 पार कर रही थी। चाहती थी कि सस्ती मैली साड़ी, हलके ब्लाउज और खोपरे के तेल सँवारे बाल किसी को गम्भीरता से अच्छे लगें। प्रेमी नम्बर पाँच उसकी इस सादी सुन्दरता पर मुग्ध होता,

तो उसे अच्छा लगता कि गरीबी और भुखमरी के बाद भी उसमें कुछ है, जो इसे अच्छा लगता है।

मगर लड़की को दीवानों ने खुद ही चतुर बना दिया था। तीन महीने घर में वह भोजन करने आता, तो माँ-बाप तो उसे जाँचते ही थे, लड़की भी जाँच रही थी।

सबको यह विश्वास हो गया था कि इसे दहेज वगैरह की चाह नहीं है। शादी सस्ते में निपट जाएगी।

पर सबको तीन महीने के अनुभव से यह समझ में आ गया था कि यह आदमी तुनकमिज़ाज, अस्थिर और कुछ भी कर उठने वाला है। यह बारात में से भी लौट जा सकता है।

वे उसके प्रति ठंडे होने लगे, पर लड़की उष्णता का अहसास उसे देती रही। यह उष्णता जो वापस लौटे, उसकी भी जरूरत थी।

लड़की को फुरसत ही नहीं मिलती कि वह कहीं जाए।

4-5 मकान आगे एक परिवार रहता है। गृह-मालकिन अच्छी है। उसे वह 'मौसी' कहती है। लड़की कभी-कभी मौसी के घर जाती है। 1-2 घंटे बैठती है। उसे वहाँ अच्छा लगता है। मौसी भी उसे चाहती है। सोचती है—'कैसी सुन्दर लड़की, सुशील और भली! पर गरीबी, तेरा बुरा हो! इसकी शादी नहीं हो रही है। जिस घर में भी पहुँच जाएगी, उजाला कर देगी।'

नैतिकतावादी पुस्तक-विक्रेता कहता है—'हम तो जानते थे कि एक दिन ऐसा होगा।'

हम तो जानते थे

मोहल्ले के लोग कहते हैं—'जो छज्जे पर खड़ी मर्दों को देखती रहती है, वह ऐसा ही तो करेगी!'

कुछ कहते हैं—'ठीक ही हुआ।'

दीवाने कहते हैं—'साली छिनाल निकल गई!'

औरतें कहती हैं—'किसे पता था कि यह लड़की ऐसा करेगी।'

'क्या हुआ? पेट बढ़ गया? गर्भ गिरा दिया गया?'

'नहीं।'

एक दिन लड़की ने माँ से कहा—'माँ, मेरा मैट्रिक का सर्टिफिकेट पेटी में से निकाल दे। लड़कियों के स्कूल में नौकरी मिल जाएगी।'

माँ खुश हुई। सौ-सवा सौ और घर में आएँगे।

लड़की ने सर्टिफिकेट लिया।

फिर वह एकाएक हलवाई के पास गई और बोली—'चाचाजी, आज तो जलेबी खाएँगे।'

'चाचाजी' सुनकर हलवाई खिन्न तो हुआ, पर पीले दाँत निकालकर कहा—'जितनी चाहो, खाओ, तुम्हारी ही तो दुकान है।'

उसने एक पुड़े में जलेबी बाँध दी। लड़की घर ले आई।

माँ ने कहा—'ये क्यों ले आई?'

लड़की ने कहा—'माँ, आज मुझे नौकरी मिलेगी न, उसी खुशी में।'

फिर दाढ़ी वाले प्रेमी को दो बालटियाँ देकर कहा—'भैया, जरा ये भरकर ऊपर रख देना। मेरी तबीयत ठीक नहीं है।'

फिर क्रॉकरी वाले से कहा—'मैं जरा एक काम से जा रही हूँ। भैया, जरा एक किलो आलू ऊपर भिजवा देना। अभी लौटकर पैसे दे दूँगी।'

फिर प्रेमी नम्बर पाँच के पास गई और बोली—'मुझे पचास रुपये फौरन दे दो। बड़ी मुसीबत आ गई है।'

प्रेमी गद्गद हो गया। पहली बार घर आई थी। उसने पचास रुपये फौरन दिये और उसका हाथ पकड़कर भीतर खींचते हुए बोला—'एक बार तो पास आ जाओ।'

लड़की ने कहा—'नहीं, ये रुपये में माँ को देकर जल्दी आती हूँ। कहीं जाना मत। यहीं रहना।'

वह घर गई, प्रेमी नम्बर पाँच के दिये हुए साड़ी-ब्लाउज पहने। माँ से कहा—'मौसी के घर जा रही हूँ। मौसिया जी के मारफत ही नौकरी लगने वाली है।'

मौसी का परिवार बड़ा प्रतिष्ठित और प्रभावशाली। उन लोगों ने एक लड़का तय कर रखा था। माँ विधवा थी। लड़का बैंक में काम करता था। लड़की उसे पसन्द थी। दिन तय कर रखा था। मैट्रिक का सर्टिफिकेट वह उम्र के सबूत के लिए ले गई थी।

वैदिक रीति से विवाह घंटे भर में हो गया।

4 घंटे बाद लड़की लौटी, तो बढ़िया साड़ी और गहने पहने थी। पीछे दो रिक्शों में सामान था। लड़की के साथ लड़का बैठा था। सास-ससुर के पाँव छूने आया था।

वे दोनों ऊपर गए। पिता ड्यूटी पर था। उसने लड़की की माँ के पाँव पर सिर रखा।

अचरज यह कि माँ को अचरज नहीं हुआ।

लड़का लौट गया। विदाई बाद में होने की थी।

लड़की छज्जे पर आई, इतना लम्बा-चौड़ा और गहरा सिंदूर माँग में भरा था कि मील भर से दिखता था।

घर के सामने भीड़-सी लग गई।

राहगीर पूछते—'क्या बात है? कोई मौत हो गई क्या?'

दूसरे राहगीर ने कहा—'हाँ, लगता है, कोई मौत हो गई है।'

तभी मोहल्ले के एक मसखरे ने कहा—'एक नहीं, 4-5 मौतें हो गई हैं।'

चूहा और मैं

यह कहानी स्टीन बैंक के लघु उपन्यास 'ऑफ मेन एंड माउस' से अलग है।

चाहता तो लेख का शीर्षक 'मैं और चूहा' रख सकता था। पर मेरा अहंकार इस चूहे ने नीचा कर दिया है। जो मैं नहीं कर सकता, वह यह मेरे घर का चूहा कर लेता है। जो इस देश का सामान्य आदमी नहीं कर पाता, वह इस चूहे ने मेरे साथ करके बता दिया।

इस घर में एक मोटा चूहा है। जब छोटे भाई की पत्नी थी, तब घर में खाना बनता था। इस बीच पारिवारिक दुर्घटनाओं—बहनोई की मृत्यु आदि—के कारण हम लोग बाहर रहे।

इस चूहे ने अपना यह अधिकार मान लिया था कि मुझे खाने को इसी घर में मिलेगा। ऐसा अधिकार आदमी भी अभी तक नहीं मान पाया। चूहे ने मान लिया है।

लगभग 45 दिन घर बन्द रहा। मैं जब अकेला लौटा, घर खोला, तो देखा कि चूहे ने काफी 'क्राकरी' फर्श पर गिराकर फोड़ डाली है।

वह खाने की तलाश में भड़भड़ाता होगा। क्राकरी और डब्बों में खाना तलाशता होगा। उसे खाना नहीं मिलता होगा, तो वह पड़ोस में कहीं कुछ

खा लेता होगा और जीवित रहता होगा। पर घर उसने नहीं छोड़ा। उसने इसी घर को अपना घर मान लिया था।

जब मैं घर में घुसा। बिजली जलाई, तो मैंने देखा कि वह खुशी से चहकता हुआ यहाँ से वहाँ दौड़ रहा है। वह शायद समझ गया कि अब इस घर में खाना बनेगा, डब्बे खुलेंगे और उसकी खुराक उसे मिलेगी।

दिन भर वह आनन्द से सारे घर में घूमता रहा। मैं देख रहा था, उसके उल्लास से मुझे अच्छा ही लगा।

पर घर में खाना बनना शुरू नहीं हुआ। अकेला था। बहन के यहाँ, जो पास में ही रहती है, दोपहर को भोजन कर लेता। रात को देर से खाता हूँ, तो बहन डब्बा भेज देती रही। खाकर मैं डब्बा बन्द करके रख देता। चूहाराम निराश हो रहे थे। सोचते होंगे—यह कैसा घर है। आदमी आ गया है। रोशनी भी है। पर खाना नहीं बनता। खाना बनता तो कुछ बिखरे दाने या रोटी के टुकड़े उसे मिल जाते।

अब मुझे एक नया अनुभव हुआ। रात को चूहा बार-बार आता और सिर की तरफ मच्छरदानी पर चढ़कर कुलबुलाता। रात में कई बार मेरी नींद टूटती। मैं उसे भगाता। पर थोड़ी देर बाद वह फिर आ जाता और मेरे सिर के पास हलचल करने लगता।

वह भूखा था। मगर उसे सिर और पाँव की समझ कैसे आई? वह मेरे पाँवों की तरफ गड़बड़ नहीं करता था। सीधे सिर की तरफ आता और हलचल करने लगता। एक दिन वह मच्छरदानी में घुस गया।

मैं बड़ा परेशान। क्या करूँ? इसे मारूँ और यह किसी अलमारी के नीचे मर गया, तो सड़ेगा और सारा घर दुर्गन्ध से भर जाएगा। फिर भारी अलमारी हटाकर इसे निकालना पड़ेगा।

चूहा दिन भर भड़भड़ाता और रात को मुझे तंग करता। मुझे नींद आती, मगर चूहाराम फिर मेरे सिर के पास भड़भड़ाने लगते।

आखिर एक दिन मुझे समझ में आया कि चूहे को खाना चाहिए। उसने इस घर को अपना घर मान लिया है। वह चूहे के अधिकारों के प्रति सचेत है। वह रात को मेरे सिरहाने आकर शायद यह कहता है—क्यों बे, तू आ गया है। भर पेट खा रहा है। मगर मैं भूखा मर रहा हूँ। मैं इस घर का सदस्य हूँ। मेरा भी हक है। मैं तेरी नींद हराम कर दूँगा।

तब मैंने उसकी माँग पूरी करने की तरकीब निकाली।

रात को मैंने भोजन का डब्बा खोला, तो पापड़ के कुछ टुकड़े यहाँ-वहाँ डाल दिये। चूहा कहीं से निकला और एक टुकड़ा उठाकर अलमारी के नीचे बैठकर खाने लगा। भोजन पूरा करने के बाद मैंने रोटी के कुछ टुकड़े फर्श पर बिखरा दिये। सुबह देखा कि वह सब खा गया है।

एक दिन बहन ने चावल के पापड़ भेजे। मैंने तीन-चार टुकड़े फर्श पर डाल दिये। चूहा आया, सूँघा और लौट गया। उसे चावल पापड़ पसन्द नहीं। मैं चूहे की पसन्द से चमत्कृत रह गया। मैंने रोटी के कुछ टुकड़े डाल दिये। वह एक के बाद एक टुकड़ा लेकर जाने लगा।

अब यह रोजमर्रा का काम हो गया। मैं डब्बा खोलता, तो चूहा निकलकर देखने लगता। मैं एक-दो टुकड़े डाल देता। वह उठाकर ले जाता। पर इतने से उसकी भूख शान्त नहीं होती थी। मैं भोजन करके रोटी के टुकड़े फर्श पर डाल देता। वह रात को उन्हें खा लेता और सो जाता।

इधर मैं भी चैन की नींद सोता। चूहा मेरे सिर के पास गड़बड़ नहीं करता।

फिर वह कहीं से अपने एक भाई को ले आया। कहा होगा—चल रे मेरे साथ उस घर में। मैंने उस रोटी वाले को तंग करके, डराके, खाना निकलवा लिया है। चल, दोनों खाएँगे। उसका बाप हमें खाने को देगा, वरना हम उसकी नींद हराम कर देंगे। हमारा हक है।

अब दोनों चूहाराम मजे में खा रहे हैं।

मगर मैं सोचता हूँ—आदमी क्या चूहे से भी बदतर हो गया है? चूहा तो अपनी रोटी के हक के लिए मेरे सिर पर चढ़ जाता है। मेरी नींद हराम कर देता है!

इस देश का आदमी कब चूहे की तरह करेगा?

अकाल उत्सव

दरारों वाली सपाट सूखी भूमि नपुंसक पति की संतानेच्छु पत्नी की तरह बेकल नंगी पड़ी है।

अकाल पड़ा है।

पास ही एक गाय अकाल के समाचार वाले अखबार को खाकर पेट भर रही है। कोई 'सर्वे' वाला अफसर छोड़ गया होगा। आदमी इस मामले में गाय-बैल से भी गया-बीता है। गाय तो इस अखबार को भी खा लेती है, मगर आदमी उस अखबार को भी नहीं खा सकता जिसमें छपा है कि अमेरिका से अनाज के जहाज चल चुके हैं। एक बार में खा गया था। एक कॉलम का 6 पंक्तियों का समाचार था। मैंने उसे काटा और पानी के साथ निगल गया। दिन भर भूख नहीं लगी। आजकल अखबारों में आधे पृष्ठों पर सिर्फ अकाल और भुखमरी के समाचार छपते हैं। अगर अकालग्रस्त आदमी सड़क पर पड़ा अखबार उठाकर उतने पन्ने खा ले, तो महीने भर भूख नहीं लगे। पर इस देश का आदमी मूर्ख है। अन्न खाना चाहता है। भुखमरी के समाचार नहीं खाना चाहता।

हर साल वसंत आता है। हर साल मंगल वर्षा आती है। हर साल शारदोत्सव आता है।

हर साल अकाल आता है, जैसे हर साल स्वाधीनता दिवस और गणतंत्र दिवस आते हैं। ये मंगल-उत्सव अपने-आप आते हैं। शरद में कोई चाँद की प्रार्थना नहीं करता कि हे अमृतघट, उत्सव के लिए अमृत बरसा।

मगर अकाल के लिए बड़ी प्रार्थनाएँ, बड़े अनुष्ठान करते हैं। अकाल के लिए इन्द्र-पूजा होती है। पहले इन्द्र-पूजा वर्षा के लिए होती थी। मगर अब अवर्षा के लिए इन्द्र पूजा होती है। कृष्ण का गोवर्द्धन पर्वत कुछ दिनों में धूल होकर बिखर जाएगा। इन्द्र का कोप अब भीषण वर्षा में नहीं, अवर्षा में प्रगट होता है। गोवर्द्धन को तस्करी यूरोप में बेच डालेंगे।

बड़ी प्रार्थना होती है। जमाखोर और मुनाफाखोर साल भर अनुष्ठान कराते हैं। स्मगलर महाकाल को नरमुंड भेंट करता है। इंजीनियर की पत्नी भजन गाती हैं—'प्रभु, कष्ट हरो सबका।' भगवन, पिछले साल अकाल पड़ा था तब सक्सेना और राठौर को आपने राहत-कार्य दिलवा दिया था। प्रभो, इस साल भी इधर अकाल कर दो और 'इनको' राहत-कार्य का इंचार्ज बना दो। तहसीलदारिन, नायबिन, ओवरसीअरन सब प्रार्थना करती हैं। सुना है, विधायक-भार्या और मंत्री प्रिया भी अनुष्ठान कराती हैं। जाँच कमीशन के बावजूद मैं ऐसा पापमय विचार नहीं रखता। इतने अनुष्ठानों के बाद इन्द्रदेव प्रसन्न होते हैं और इलाके के तरफ से नल का कनेक्शन काट देते हैं।

हर साल वसंत!

हर साल शरद!

हर साल अकाल!

फिर अकाल-उत्सव क्यों न हो जाए? इसे मनाने की एक निश्चित विधि होती है, जैसे दूसरे उत्सवों की होती है। गणतंत्र दिवस पर परेड होती। अकाल में सस्ते गल्ले की राशन दुकान पर भी परेड होती है और ज्यादा जोश से होती है। गणतंत्र परेड कुछ घंटे होती है, अकाल परेड महीने में हर रोज होती है। राशन दुकान पर खाली झोला लिये खड़ी फौज में उन फौजियों से ज्यादा जोश होता है।

साल में 10 महीने पहलवान ऐलान करता है—इस साल वो रियाज किया है कि कोई अखाड़े में मुकाबले में नहीं उतर सकता। चुनौती देता हूँ—कोई अप्रैल-मई में लड़ ले। मगर पहलवान को अप्रैल में टाइफाइड हो जाता है और वह कहता है—अब मैं लाचार हूँ। टाइफाइड ने सारी बादाम उतार दी।

मंत्री लोग ऐसे ही पहलवान हैं—नौ महीने ताल ठोंकते हैं—अन्न का अभाव सामने आने की हिम्मत नहीं कर सकता। इतने लाख क्विंटल का स्टाक होगा। 'लेव्ही' ली जाएगी। लड़ ले कोई जमाखोर—पछाड़ दिया जाएगा।

मगर मई आते ही उसे भी टाइफाइड हो जाता है। कहता है—क्या करूँ? जमाखोरी का 'टाइफाइड' सरकार को हो गया। विरोधी तो विरोधी, अपनी पार्टी के लोग भी रोग के कीटाणु लिये हैं। दवा लेने अमेरिका भेजा है आदमी। मई में वीर मंत्रियों की भी बादाम उतर जाती है।

इधर मैंने देखा, उलटी 'लेव्ही' ली जाने लगी है। एक शहर में भारतीय निगम के गोदाम से गलत नम्बर प्लेट के ट्रक में लदकर 150 बोरे गेहूँ जा रहा था कि फाटक पर चौकीदार ने पकड़ लिया।

उसने पूछा—'यह 'लेव्ही' का गेहूँ कहाँ जा रहा है?'

विभाग के आदमी ने कहा—'तुम्हें नया कानून नहीं मालूम? नये कानून के मुताबिक खाद्य निगम खुद लेव्ही देगा। वही लेव्ही है यह, जो जमाखोर को दी जा रही है। नये ऑर्डर पूछ लिया करो।'

मैं एक विधायक से पूछता हूँ—'अकाल की स्थिति कैसी है?'

वह चिन्तित होता है। मैं समझता हूँ, यह अकाल से चिन्तित है।

मुझे बड़ा सन्तोष होता है।

वह जवाब देता है—'हाँ, अकाल तो है, पर ज्यादा नहीं है। कोशिश करने से जीता जा सकता है। सिर्फ 11 विधायक हमारी तरफ आ जाएँ, तो हमारी मिनिस्ट्री बन सकती है।'

हर आदमी का अपना अकाल होता है। इनका अकाल दूसरा है। इन्हें सिर्फ 11 'क्विंटल' विधायक मिल जाएँ, तो अकाल समस्या हल हो जाए—सत्ता की।

दिन में यह सब सोचता हूँ और रात को मुझे विचित्र सपने आते हैं।

एक रात सपना आया—राष्ट्र ने अकाल-उत्सव मनाना तय कर लिया है। कई क्षेत्रों में हो रहा है। एक क्षेत्र में अकाल-उत्सव मैंने सपने में देखा।

आसपास के 4-5 गाँवों के किसान, स्त्रियाँ, बच्चे इकट्ठे थे।

पंडाल सजाया गया था। मंत्री अकाल-समारोह का उद्घाटन करने आने वाले थे। पटवारी ने भूखों से चन्दा करके गुलाबों की मालाएँ कस्बे से बुलवा ली थीं।

स्त्रियाँ खाली मंगल घटों में सूखे नाले के किनारे की घास रखकर कतार में चल रही थीं। वे गा रही थीं :

'अबके बरस मेघा फिर से न बरसो, मंगल पड़े अकाल रे।'

ओवरसियर और मेंट उनमें से अपने लिए छाँट रहे थे :

'साब, उसे देखो, कैसी मटकती है!'

'अरे, मगर इस सामने वाली को तो देख! दो बार पूरी रोटी खा ले तो परी हो जाए।'

'मगर साब, सुना है, तहसीलदार साब भी तबीयत फेंक देते हैं।'

'अरे, तो 'थ्रू प्रापर चैनल'! सरकारी नियम हम थोड़े ही तोड़ेंगे।'

हड्डी ही हड्डी। पता नहीं, किस गोंद से इन हड्डियों को जोड़कर आदमी के पुतले बनाकर खड़े कर दिये गए हैं!

यह जीवित रहने की इच्छा की गोंद है। यह हड्डी जोड़ देती है। आँतें जोड़ देती है।

सिर मील भर दूर पड़ा हो तो जुड़ जाता है।

जीने की इच्छा की गोंद बड़ी ताकतवर होती है।

पर सोचता हूँ, ये जीवित क्यों हैं?

ये मरने की इच्छा को खाकर जीवित हैं। ये रोज कहते हैं—इससे तो मौत आ जाए तो अच्छा!

पर मरने की इच्छा को खा जाते हैं। मरने की इच्छा में पोषक तत्त्व होते हैं।

जीने की इच्छा गोंद होती है जो शरीर जोड़े रखती है।

मरने की इच्छा में पोषक तत्त्व होते हैं।

अकाल-उत्सव शुरू हुआ।

उत्सव में कवि जरूरी होते हैं। वह उत्सव का 'मूड' बनाते हैं। वहाँ दो कवि भी थे जो समयानुकूल कविता बना लाए थे।

विधायक ने संक्षिप्त भाषण दिया—'बड़े सौभाग्य का विषय है कि मंत्री महोदय हमारे बीच पधारे हैं। उन्हें कई उत्सवों का निमंत्रण था, पर इस क्षेत्र के अकाल से उन्हें विशेष प्रेम है, इसलिए वे यहीं पधारे। हम उनका स्वागत करते हैं।'

माला पड़ी और तालियाँ पिटीं।

सबसे खूबसूरत तालियाँ पीटीं मंत्रीजी के आसपास बैठे जमाखोर, मुनाफाखोर, चोर बाजारिये और इनके सरकारी मौसेरे भाइयों ने। तब मंत्रीजी ने भाषण दिया :

'मैं आपका आभारी हूँ कि इस अकाल-उत्सव के उद्घाटन के लिए आपने मुझे आमंत्रित किया। अकाल भारत की पुरानी परम्परा है। आप जानते हैं कि भगवान राम के राज्य में भी अकाल पड़ा था। हमारे राज में भी अकाल पड़ता है। हम गांधी जी के आदेश के अनुसार राम-राज ला रहे हैं। अकाल राम-राज का आधार है। मर्यादा पुरुषोत्तम भगवान राम राम-राज का स्वर्ग नहीं ला सकते थे, यदि अकाल न पड़ता। इसलिए अकाल का स्वागत करना चाहिए। अकाल के बिना राम-राज नहीं आ सकता। मेरे विपक्षी मित्र जो भारतीय संस्कृति के पूजक हैं, मुझसे सहमत होंगे कि

अकाल हमारी महान् भारतीय संस्कृति का एक प्रमुख तत्त्व है। द्रोणाचार्य जैसे वीर तक भूखे मरते थे।

'मेरी इच्छा है, आप खूब खुशी के साथ अकाल-उत्सव मनाएँ। हम घोर संकट में भी प्रसन्न रहते हैं। आप जानते हैं, प्रियजन की मौत के बाद हम श्राद्ध करते हैं तब हाथ पर मलकर शुद्ध घी की परीक्षा करते हैं और उसका लड्डू खाते हैं।

'मैं अधिक समय नहीं लूँगा क्योंकि रेस्ट हाउस में मेरा मुर्गा पक गया होगा। मेरी कामना है कि उत्सव सफल हो।'

वे बैठ गए।

इसके बाद दो कविताएँ हुईं—एक गम्भीर और दूसरी हास्य रस की।

गम्भीर कवि ने पढ़ा :

स्वागत अकाल! स्वागत अकाल!
भारत के गौरव के प्रतीक,
गांधी के सपने के प्रतीक
गोदामों में रखी सुरक्षित
हरित क्रान्ति के प्रिय प्रतीक
मनु भी करते बैठे जुगाल!
स्वागत अकाल! स्वागत अकाल!

फिर हास्य रस की कविता कवि 'मामा' ने पढ़ी :

मामी बोली मामा से देखो
रोटी तो बिल्ली निगल गई
मामा बोले रोटी वापस लेने को
तुम निगलो बिल्ली को तुरन्त!

इसके बाद थोड़ी और औपचारिकता के बाद समारोह समाप्त हुआ

क्योंकि रेस्ट हाउस में मुर्गे पककर बाँग देने लगे थे। दूसरे दिन से राहत कार्य शुरू हो गए।

मुझे सपने बहुत आते हैं।

मैं देखता हूँ—भूखे बिलबिला रहे हैं। मजदूरी पूरी नहीं मिलती। मिलती है तो दाना नहीं मिलता। मिलता है तो महँगा मिलता है। महँगा मिलता है, तो उसमें न जाने क्या-क्या कचरा मिला रहता है।

भूखे और अधमरे चिल्लाते हैं—रोटी नहीं तो उत्सव काहे का! उत्सव फेल हो गया।

मुझे एक सपना और आता है। कुछ दूसरी पार्टियों के लोग सेठों, जमाखोरों, सूदखोरों, मुनाफाखोरों को लेकर जाते हैं और लोगों से कहते हैं :

'तुम्हें रोटी नहीं मिलती। रोटी नहीं मिलती क्योंकि गल्ला नहीं मिलता। गल्ला क्यों नहीं मिलता, क्योंकि ये लोग जो आए हैं, इनका गल्ला सरकार ने दबा लिया है। जबरदस्ती दबा लिया है।

आप लोग बताओ—पीढ़ियों से गल्ला तुम किन्हें बेचते थे?'

लोग बोले—'इन आपके साथ के लोगों को। मगर ये लोग...'

नेता लोग बोले—' 'मगर' बन्द करो अब। इस सरकार ने इनका खरीदना बन्द कर दिया है। फिर बताओ—गल्ला तुम कौन से लेते थे?'

लोग बोले—'इन्हीं से। मगर...'

नेता बोले—'पर सरकार ने इनका बेचना भी बन्द कर दिया है।'

लोगों ने कहा—'तो हम लोग क्या करें? किसके ईमान पर भरोसा करें?'

नेता बोले—'अब हमारी बात मानो। इस सरकार का अकाल-उत्सव तुम लोग भुगत चुके। इस सरकार को बदलो। अब हमें वोट दो। हमें विधान सभा और संसद में भेजो। हमारी सरकार बनवाओ। तुम देखोगे कि तुम सब सुखी हो जाओगे। खरीदने वाले खरीदेंगे और बेचने वाले बेचेंगे। यही

आदिकाल से चला आ रहा है। यही सनातन धर्म है। हमारे अकाल-उत्सव से तुम्हें कोई शिकायत नहीं होगी।'

लोग बोले—'मगर...'

नेता बोले—'तुम बार-बार 'मगर' क्यों बोलते हो? 'मगरमच्छ' बोलो न!'

मुझे फिर सपना आता है। मैं सपनों से परेशान हूँ। वे कितने सुखी हैं, जिन्हें सपने नहीं आते! मुझे लगने लगा है कि वही सुख की गहरी नींद सोता है, जिसे सपने नहीं आते। मेरा पहले खयाल था कि सूअर और कुत्ता ऐसे प्राणी हैं जिन्हें सपने नहीं आते। पर अब अन्न का दाना न मिलने से चूहे को भी सपने आते हैं।

सपने में देखता हूँ कि भूखे लोग तरह-तरह की सरकारें बनाते हैं। अकाल-उत्सव भी मनाते हैं। बड़ा आनन्द है। पर रोटी नहीं मिलती। अन्न नहीं मिलता।

'अथा तो ब्रह्म जिज्ञासा!' मैं दार्शनिक हो जाता हूँ। ऋषि शिष्य से ब्रह्म के रूप के बारे में चिन्तन करने को कहता है। जिज्ञासु शिष्य उपवास करके चिन्तन करता है और भूखा ब्रह्मचारी आकर कहता है—गुरु, अन्नं ब्रह्म। अन्न ही ब्रह्म है, गुरु! अन्न! अन्न! इसके बाद ही 'आनन्द ब्रह्म' है।

इधर हलचल बढ़ रही है।

न जाने कौन इन लोगों को समझाते हैं कि जो सरकार अकाल को उत्सव मानेगी, रोटी नहीं देगी।

मगर लोगों की उत्सव मनाने की आदत पड़ गई है।

उत्सव का रूप चाहे बदले, ये उत्सव मनाएँगे।

मुझे भयंकर सपना आता है।

देखता हूँ कि अकाल-उत्सव के मूड में ढोलक बजाकर नाचते-

गाते भूखे, अधमरे राजधानी में आ गए हैं और बड़ा भयकारी दृश्य मुझे दिखता है।

एक विधायक पहचान का मिलता है। उसका एक हाथ ही नहीं है। आस्तीन से खून टपक रहा है।

मैं पूछता हूँ—'यह क्या हो गया?'

वह कहता है—'वही अकाल-उत्सव वाले लोग मेरा हाथ खा गए।'

किसी विधायक की टाँग खा ली गई है। किसी मंत्री की नाक चबा ली गई है, किसी का कान!

भीड़ बढ़ती जाती है।

विधायक और मंत्रिगण भाग रहे हैं।

एकाएक सैकड़ों जमाखोरों और मुनाफाखोरों को लोग पकड़ लाते हैं और उन्हें भून रहे हैं। कहते हैं—'तुम्हारी भूख इतनी विकट है कि अपना ही भुना गोश्त खाए बिना तुम्हारा पेट नहीं भरेगा।

'हमें खाओगे तो भूखे रह जाओगे। हममें खाने लायक कितना कम है!'

अब वे पुलिस और राइफल की राह देख रहे हैं।

सारे विधान भवनों में सन्नाटा!

संसद और उसके अहाते में सन्नाटा!

अब ये भूखे क्या खाएँ? भाग्य-विधाताओं और जीवन के थोक ठेकेदारों की नाक खा गए, कान खा गए, हाथ खा गए, टाँग खा गए। वे सब भाग गए। अब क्या खाएँ?

अब क्या खाएँ? आखिर वे विधान सभा और संसद की इमारतों के पत्थर और ईंटें काट-काट कर खाने लगे।

भयंकर सपना! मेरी नींद टूट गई। मैं पसीने से लथपथ हो जाता हूँ। घबड़ाहट होती है। क्या करूँ? सपना ही तो है—यह सोचकर शान्त होना चाहता हूँ।

मगर चैन नहीं मिलती। मानस चतुश्शती वर्ष है, इसलिए मैं 'रामचरितमानस' श्रद्धापूर्वक फिर से पढ़ रहा हूँ। मैं 'रामचरितमानस' उठा लेता हूँ। इससे शान्ति मिलेगी।

यों ही कोई पृष्ठ खोल लेता हूँ।

संयोग से 'लंका कांड' निकल पड़ता है।

मैं पढ़ता हूँ। अशोक वाटिका में त्रिजटा सीताजी को धीरज बँधाती है।

त्रिजटा को भी मेरी तरह सपना आया था।

त्रिजटा मुझसे अधिक देखती और समझती थी। उसे बहुत आगे दिखता था। वह कहती है :

यह सपना मैं कहौं विचारी।
हुइहैं सत्य गए दिन चारी॥

दो नाक वाले लोग

मैं उन्हें समझा रहा था कि लड़की की शादी में टीमटाम में व्यर्थ खर्च मत करो।

पर वे बुजुर्ग कह रहे थे—'आप ठीक कहते हैं, मगर रिश्तेदारों में नाक कट जाएगी।'

नाक उनकी काफी लम्बी थी। मेरा खयाल है, नाक की हिफाजत सबसे ज्यादा इसी देश में होती है। और या तो नाक बहुत नर्म होती है या छुरा तेज जिससे छोटी-सी बात से भी नाक कट जाती है। छोटे आदमी की नाक बहुत नाजुक होती है। यह छोटा आदमी नाक को छिपाकर क्यों नहीं रखता?

कुछ बड़े आदमी, जिनकी हैसियत है, इस्पात की नाक लगवा लेते हैं और चमड़े का रंग चढ़वा लेते हैं। कालाबाजार में जेल हो आए हैं, औरत खुलेआम दूसरे के साथ 'बॉक्स' में सिनेमा देखती है। लड़की का सार्वजनिक गर्भपात हो चुका है। लोग उस्तरा लिये नाक काटने को घूम रहे हैं। मगर काटें कैसे? नाक तो स्टील की है। चेहरे पर पहले जैसी ही फिट है और शोभा बढ़ा रही है।

स्मगलिंग में पकड़े गए हैं। हथकड़ी पड़ी है। बाजार में से ले जाए जा रहे हैं। लोग नाक काटने को उत्सुक हैं। पर वे नाक को तिजोड़ी में रखकर

स्मगलिंग करने गए थे। पुलिस को खिला-पिलाकर बरी होकर लौटेंगे और नाक फिर पहन लेंगे।

जो बहुत होशियार हैं, वे नाक को तलवे में रखते हैं। तुम सारे शरीर में ढूँढ़ो, नाक ही नहीं मिलती। नातिन की उम्र की दो लड़कियों से बलात्कार कर चुके हैं। जालसाजी और बैंक को धोखा देने में पकड़े जा चुके हैं। लोग नाक काटने को उतावले हैं, पर नाक मिलती ही नहीं। वह तो तलवे में है। कोई जीवशास्त्री अगर नाक की तलाश कर भी ले तो तलवे की नाक काटने से क्या होता है? नाक तो चेहरे पर की कटे, तो कुछ मतलब होता है।

और जो नाक रखते ही नहीं हैं, उन्हें तो कोई डर ही नहीं है। दो छेद हैं, जिनसे साँस ले लेते हैं।

कुछ नाकें गुलाब के पौधे की तरह होती हैं। कलम कर दो तो और अच्छी शाखा बढ़ती है और फूल भी बढ़िया लगते हैं। मैंने ऐसी फूल वाली खुशबूदार नाकें बहुत देखी हैं। जब खुशबू कम होने लगती है, ये फिर कलम करा लेते हैं, जैसे किसी औरत को छेड़ दिया और जूते खा गए।

'जूते खा गए'—अजब मुहावरा है। जूते तो मारे जाते हैं, वे खाए कैसे जाते हैं? मगर भारतवासी इतना भुखमरा है कि जूते भी खा जाता है।

नाक और तरह से भी बढ़ती है। एक दिन एक सज्जन आए। बड़े दुखी थे। कहने लगे—'हमारी तो नाक कट गई। लड़की ने भागकर एक विजातीय लड़के से शादी कर ली। हम ब्राह्मण और लड़का कलाल। नाक कट गई।'

मैंने उन्हें समझाया कि कटी नहीं है, कलम हुई है। तीन-चार महीनों में और लम्बी बढ़ जाएगी।

3-4 महीने बाद वे मिले तो खुश थे। नाक भी पहले से लम्बी हो गई थी। मैंने कहा—'नाक तो पहले से लम्बी मालूम होती है!'

वे बोले—'हाँ, कुछ बढ़ गई है। काफी लोग कहते हैं—आपने बड़ा क्रान्तिकारी काम किया। कुछ बिरादरी वाले भी कहते हैं। इसीलिए नाक बढ़ गई है।'

कुछ लोग मैंने देखे हैं, जो कई साल अपने शहर की नाक रहे हैं। उनकी नाक अगर कट जाए, तो सारे शहर की नाक कट जाती है। अगर उन्हें संसद का टिकट न मिले, तो सारा शहर नकटा हो जाता है। पर अभी मैं एक शहर गया तो लोगों से पूछा—'फलाँ साहब के क्या हाल हैं? वे इस शहर की नाक हैं।'

तभी एक मसखरे ने कहा—'हाँ, साहब, वे अभी भी शहर की नाक हैं मगर 'छिनकी हुई'।' (यह बीभत्स रस है, रस-सिद्धान्त-प्रेमियों को अच्छा लगेगा।)

मगर बात मैं उन सज्जन की कर रहा था, जो मेरे सामने बैठे थे और लड़की की शादी पुराने ठाठ से ही करना चाहते थे। पहले वे रईस थे—यानी मध्यम हैसियत के रईस। अब गरीब थे। बिगड़ा रईस और बिगड़ा घोड़ा एक तरह के होते हैं—दोनों बौखला जाते हैं। किससे उधार लेकर खा जाएँ, ठिकाना नहीं। उधर बिगड़ा घोड़ा किसे कुचल दे, ठिकाना नहीं। आदमी को बिगड़े रईस और बिगड़े घोड़े, दोनों से दूर रहना चाहिए। मैं भरसक कोशिश करता हूँ। मैं तो मस्ती से डोलते आते साँड़ को देखकर भी सड़क के किनारे की इमारत के बरामदे में चढ़ जाता हूँ—बड़े भाई साहब आ रहे हैं। इनका आदर करना चाहिए।

तो जो भूतपूर्व सम्पन्न बुजुर्ग मेरे सामने बैठे थे, वे प्रगतिशील थे। लड़की का अन्तरजातीय विवाह कर रहे थे। वे खत्री और लड़का शुद्ध कान्यकुब्ज। वे खुशी से शादी कर रहे थे। पर उनमें विरोधाभास यह था कि शादी ठाठ से करना चाहते थे। बहुत लोग एक परम्परा से छुटकारा पा लेते हैं पर दूसरी से बँधे रहते हैं। रात को शराब की पार्टी से किसी ईसाई दोस्त के घर से आ रहे हैं, मगर रास्ते में हनुमान का मन्दिर दिख जाए, तो थोड़ा तिलक भी सिंदूर का लगा लेते हैं। एक घोर नास्तिक मित्र था। हम घूमने निकलते तो रास्ते में कोई मन्दिर देखकर वे कह उठते—'हरे राम!' बाद में पछताते भी थे।

तो मैं उन बुजुर्ग को समझा रहा था—'आपके पास रुपये हैं नहीं। आप कर्ज लेकर शादी का ठाठ बनाएँगे। पर कर्ज चुकाएँगे कहाँ से? जब आपने इतना नया कदम उठाया है, कि अन्तरजातीय विवाह कर रहे हैं, तो विवाह भी नये ढंग से कीजिए। लड़का कान्यकुब्ज का है। बिरादरी में शादी करता तो कई हजार उसे मिलते। लड़के शादी के बाजार में मवेशी की तरह बिकते हैं। अच्छा मालवी बैल और हरियाणा की भैंस ऊँची कीमत पर बिकती है। लड़का इतना त्याग तो लड़की के प्रेम के लिए कर चुका। फिर भी वह कहता है—अदालत जाकर शादी कर लेते हैं। बाद में एक पार्टी कर देंगे। आप आर्य-समाजी हैं। घंटे भर में रास्ते में आर्य समाज मन्दिर में वैदिक रीति से शादी कर डालिए। फिर 3-4 सौ रुपयों की एक पार्टी दे डालिए। लड़के को एक पैसा भी नहीं चाहिए। लड़की के कपड़े वगैरह मिलाकर शादी हजार में हो जाएगी।'

वे कहने लगे—'बात आप ठीक कहते हैं। मगर रिश्तेदारों को तो बुलाना ही पड़ेगा। फिर जब वे आएँगे तो इज्जत के खयाल से सजावट, खाना, भेंट वगैरह देनी होगी।'

मैंने कहा—'आपका यहाँ तो कोई रिश्तेदार है नहीं। वे हैं कहाँ?'

उन्होंने जवाब दिया—'वे पंजाब में हैं। पटियाला में ही तीन करीबी रिश्तेदार हैं। कुछ दिल्ली में हैं। आगरा में हैं।'

मैंने कहा—'जब पटियाला वाले के पास आपका निमंत्रण-पत्र पहुँचेगा, तो पहले तो वह आपको दस गालियाँ देगा—मई का यह मौसम, इतनी गर्मी। लोग तड़ातड़ लू से मर रहे हैं। ऐसे में इतना खर्च लगाकर जबलपुर जाओ। कोई बीमार हो जाए तो और मुसीबत। पटियाला या दिल्ली वाला आपका निमंत्रण पाकर खुश नहीं, दुखी होगा।

'निमंत्रण-पत्र न मिला तो वह खुश होगा और बाद में बात बनाएगा। कहेगा—आजकल जी, डाक की इतनी गड़बड़ी हो गई है कि निमंत्रण-पत्र ही नहीं मिला। वरना ऐसा हो सकता था कि हम न आते?'

मैंने कहा—'मैं आपसे कहता हूँ कि दूर से रिश्तेदार का निमंत्रण-पत्र मुझे मिलता है, तो मैं घबड़ा उठता हूँ।'

सोचता हूँ—जो ब्राह्मण ग्यारह रुपये में शनि को उतार दे, 25 रुपयों में सगोत्र विवाह करा दे, मंगली लड़की का मंगल पन्द्रह रुपयों में उठाकर शुक्र के दायरे में फेंक दे, वह लग्न सितम्बर से लेकर मार्च तक सीमित क्यों नहीं कर देता? मई और जून की भयंकर गर्मी की लग्नें गोल क्यों नहीं कर देता? वह कर सकता है। और फिर ईसाई और मुसलमानों में जब बिना लग्न शादी होती है, तो क्या वर-वधू मर जाते हैं? आठ प्रकार के विवाहों में जो 'गंधर्व विवाह' है, वह क्या है? वह यही है जो आज होने लगा है कि लड़के-लड़की भागकर कहीं शादी कर लेते हैं। इधर लड़की का बाप गुस्से में पुलिस में रिपोर्ट करता है कि अमुक लड़का हमारी 'नाबालिग' लड़की को भगा ले गया है। मगर कुछ नहीं होता क्योंकि लड़की मैट्रिक का सर्टिफिकेट साथ ले जाती है जिसमें जन्म-तारीख होती है।

वे कहने लगे—'नहीं जी, रिश्तेदारों में नाक कट जाएगी।'

मैंने कहा—'पटियाला से इतना किराया लगाकर नाक काटने इधर कोई नहीं आएगा। फिर पटियाला में कटी नाक को इधर कौन देखेगा? काट लें पटियाला में।'

वे थोड़ी देर गुमसुम बैठे रहे।

मैंने कहा—'देखिए जी, आप चाहें तो मैं पुरोहित हो जाता हूँ और घंटे भर में शादी करा देता हूँ।'

वे चौंके, कहने लगे—'आपको शादी कराने की विधि आती है?'

मैंने कहा—'हाँ, ब्राह्मण का बेटा हूँ। बुजुर्गों ने सोचा होगा कि लड़का नालायक निकल जाए और किसी काम-धन्धे के लायक न रहे, तो इसे कम-से-कम सत्यनारायण की कथा और विवाह-विधि सिखा दो। ये मैं बचपन में ही सीख गया था।'

मैंने आगे कहा—'और बात यह है कि आजकल कौन संस्कृत

समझता है? और पंडित क्या कह रहा है, इसे भी कौन सुनता है! वे तो 'अम' और 'अह' इतना ही जानते हैं। मैं इस तरह मंगल श्लोक पढ़ दूँ तो भी कोई ध्यान नहीं देगा :

ओम् जेक एंड जिल वेंट अप दी हिल टु फेच ए पेल आफ वाटरम्
ओम् जेक फैल डाउन एंड ब्रोक हिज क्राउन एंड जिल केम टम्बलिंग आफ्टरम्

—कुर्यात् सदा मंगलम्

इसे लोग वैदिक मंत्र समझेंगे।'

वे हँसने लगे।

मैंने कहा—'लड़का उत्तर प्रदेश का कान्यकुब्ज और आप पंजाब के खत्री—एक दूसरे के रिश्तेदारों को कोई नहीं जानता। आप एक सलाह मेरी मानिए। इससे कम में भी निपट जाएगा और नाक भी कटने से बच जाएगी। लड़के के पिता की मृत्यु हो चुकी है। आप घंटे भर में शादी करवा दीजिए। फिर रिश्तेदारों को चिट्ठियाँ लिखिए—इधर लड़के के पिता को दिल का तेज दौरा पड़ा। डाक्टरों ने उम्मीद छोड़ दी थी। 2-3 घंटे वे किसी तरह जी सकते थे। उन्होंने इच्छा प्रकट की कि मृत्यु के पहले लड़के की शादी हो जाए तो मेरी आत्मा को शान्ति मिल जाएगी। लिहाजा उनकी भावना को देखते हुए हमने फौरन शादी कर दी। लड़का-लड़की वर-वधू के रूप में उनके सामने आए। उनके चरणों पर सिर रखे। उन्होंने इतना ही कहा—सुखी रहो। और उनके प्राणपखेरू उड़ गए। आप माफ करेंगे कि इसी मजबूरी के कारण हम आपको शादी में नहीं बुला सके। कौन जानता है आपके रिश्तेदारों में कि लड़के के पिता की मृत्यु कब हुई?'

उन्होंने सोचा। फ़िर बोले—'तरकीब ठीक है जी। पर इस तरह की धोखाधड़ी मुझे पसन्द नहीं।'

खैर, मैं उन्हें काम का आदमी लगा नहीं।

दूसरे दिन मुझे बाहर जाना पड़ा। दो-तीन महीने बाद लौटा तो लोगों ने बताया कि उन्होंने सामान और नकद लेकर शादी कर डाली।

तीन-चार दिन बाद से ही साहूकार सबेरे से तकादा करने आने लगे।

रोज उनकी नाक थोड़ी-थोड़ी कटने लगी।

मैंने पूछा—'अब क्या हाल है?'

लोग बोले—'अब साहूकार आते हैं, तो यह देखकर निराश लौट जाते हैं कि काटने को नाक ही नहीं बची।'

मैंने मजाक में कहा—'साहूकारों से कह दो कि इनकी दूसरी नाक पटियाला में पूरी रखी है। वहाँ जाकर काट लो।'

एक के भीतर दो आदमी

वे मेरे मित्र हैं, परम मित्र। वे यह कहानी पढ़ेंगे और मैं विश्वास से कह सकता हूँ कि वे इसे पढ़कर नाखुश नहीं, बहुत खुश होंगे। यात्रा में मैं उनके साथ जाता हूँ, तो होटल का सारा बिल वही चुकाते हैं। मैं देने लगता हूँ, तो हाथ पकड़ लेते हैं—'खबरदार, ऐसी गुस्ताखी कभी मत करना।' वे सैकड़ों रुपये मेरे ऊपर खर्च कर देते हैं। पर मैं कभी उनसे दस रुपये माँगूँ तो कहते हैं—'कहाँ रखे हैं यार पैसे। हमारे लिए तो दवा के लिए पैसे नहीं जुट पा रहे हैं, तुम्हें कहाँ से दस रुपये दे दें?'

यों मैं घंटे भर उनके पीछे पड़कर दस रुपये उनसे ले लेता हूँ। मैं उठकर कहता हूँ—'ठीक है। अब किसी और शहर में जाकर रहना पड़ेगा। यहाँ हमें कोई दस रुपये देने वाला भी नहीं है।'

तो जेब से नोट निकालकर वे कहते हैं—'क्या फालतू बात करते हो यार! लो।'

मैं हर बार सोचता रह जाता हूँ कि ये ऐसे क्यों हैं? सैकड़ों रुपये मेरे ऊपर खर्च कर देंगे, पर थोड़े-से पैसे के लिए मना कर देंगे। सुना है, बनिया मन्दिर में भगवान का मुकुट बनवा देगा, पर किसी को नकद एक पैसा भी नहीं देगा। मगर वे बनिये भी नहीं हैं। साधारण सम्पन्न, सुसंस्कृत

आदमी हैं। पर यह मामला क्या है? यह किस तरह का चरित्र है?

वे और हम दो मित्र उनकी कार में लम्बी यात्रा पर जा रहे थे। कार उनकी, पेट्रोल उनका। रास्ता मजे में कट रहा था। खूब हँसी-मजाक चल रहे थे। एक-दूसरे को 'छील' रहे थे। कुछ गैरहाजिर बड़ों को नंगा कर रहे थे।

रास्ते में एक-दो अच्छे होटल पड़े तो सोचा-नाश्ता कर लिया जाए। ड्राइवर समेत हम चार आदमी थे। आमलेट, टोस्ट, कॉफी—खूब खाया। बिल लगभग 10 रुपये हुआ। होटल मालिक से बिना कुछ जिरह के उन्होंने दस रुपये दे दिये।

अब पान खाने की बारी आई। पान के ठेले पर गए तो वे पूछने लगे—सिंगल पान कितने का देते हो?

पान वाले ने कहा—'सात पैसे का।'

वे बोले—'वाह, हमारे शहर में तो 6 पैसे का मिलता है। अजब धाँधली मचा रखी है, तुम लोगों ने।'

मैं बड़े पसोपेश में पड़ा। अभी उन्होंने बिना भाव-ताव के दस रुपये होटल वाले को दे दिये थे और अब एक पैसे के लिए पान वाले से बहस कर रहे थे। वह भी क्या सोचता होगा कि साहब फिएट कार में चल रहे हैं, आमलेट खाते हैं, मगर पान के मामले में एक पैसा बचाना चाहते हैं।

मैंने कहा—'भाई साब, ले लेते हैं पान। कौन बड़ा फर्क पड़ता है?'

मैंने पान वाले से कहा—'लगाओ भाई चार अच्छे पान।'

पर भाई साहब रुष्ट हो गए। कहने लगे—'तुम्हें साथ रखेंगे तो लुट ही जाएँगे। रहने दो जी। मत लगाओ पान। दूसरे ठेले पर खाएँगे।'

आखिर वे हमें पास के ठेले पर ले गए। उसने 6 पैसे के हिसाब से घटिया पान खिला दिये। भाई साहब के दस रुपये के नाश्ते के बाद चार पैसे बच गए और वे संतुष्ट हुए।

मैंने समझा, भाई साहब के भीतर दो आदमी एक साथ हैं। एक वह आदमी था जिसने बिना एतराज के होटल वाले को दस रुपये दे दिये। और एक यह आदमी है जो पान वाले से एक पैसे का मोल-भाव करता है। जब वह आदमी इस आदमी को दबा देता है या दोनों आदमियों में समझौता हो जाता है, तब ये सौ का नोट भी बिना हिचक के दे देते हैं। पर जब यह आदमी हावी हो जाता है, तब ये एक पैसे पर भी लड़ लेते हैं। भीतरी दोनों आदमियों में कभी तालमेल बैठ भी जाता है और कभी नहीं भी।

चले थे तब उन्होंने पेट्रोल टैंक पूरा भरा लिया था। रास्ते में पेट्रोल खत्म होने लगा, तो ड्राइवर ने कहा—'बाबूजी, पेट्रोल खत्म हो रहा है। गाड़ी अब रिजर्व पर आ जाएगी। इस पम्प से पेट्रोल भरवा लें।'

भाई साहब ने कहा—'भरवा लो।'

ड्राइवर ने कहा—'पूरा ही भरवा लेते हैं।'

भाई साहब ने कहा—'पूरा क्यों भरवाते हो? पाँच लीटर डलवा लो। आगे शहर आएगा, तब भरवा लेंगे।'

ड्राइवर ने कहा—'बाबूजी, भरवाना तो पड़ेगा ही। यहीं भरवा लेते हैं।'

हमारे दूसरे मित्र ने भी कहा—'ड्राइवर ठीक कह रहा है। भरवा ही लो।'

भाई साहब ने नाराज होकर कहा—'तुम लोगों को पैसे की कुछ कीमत तो है नहीं। कह दिया—पूरा भरवा लो। आगे क्या पेट्रोल नहीं मिलेगा? नहीं जी, सिर्फ पाँच लीटर डलवाओ।'

मैं समझ गया—बहस करना व्यर्थ है। वह दूसरा आदमी हावी हो गया।

पेट्रोल सिर्फ पाँच लीटर डाला गया।

आगे चलकर जब शहर के बाहर उन्हें पेट्रोल टैंक दिखा तो वे ड्राइवर से बोले—'इतने पेट्रोल से क्या होगा? क्या हम लोगों को जंगल में डाले

रहोगे? रोको गाड़ी और पूरी टंकी भरवा लो। एक डब्बा ऊपर से रख लो। लम्बे सफर का मामला है। कहीं पेट्रोल खत्म हो जाए तो क्या करेंगे?'

मैं समझ गया, वह पहला वाला आदमी हावी हो गया है। पेट्रोल की पूरी टंकी भरी गई। ऊपर से एक डिब्बा पेट्रोल और रखा गया और गाड़ी आगे चली।

दोपहर के भोजन का वक्त हो गया। एक अच्छा होटल दिखा तो भाई साहब ने कहा—'चलो, यहीं खाना खा लेते हैं।'

हम लोग खाना खाने बैठे तो भाई साहब ने पूछा—'क्या खाओगे?'

हमने कहा—'सादा खाना खा लेते हैं।'

वे बोले—'नहीं, अच्छा खाना खाओ। यह होटल अच्छा मालूम होता है।'

उन्होंने होटल मालिक से पूछा—'सरदार जी, यह जो फ्रिज रखा है, इसमें कुछ है?'

सरदार जी समझ गए। बोले—'हाँ, है जी। क्या पेश करूँ?'

भाई साहब ने कहा—'3-4 बोतलें बियर की निकाल दीजिए। और यह तो बताइए कि यह जो बड़े हर्फ़ों में आपने बोर्ड लगा रखा है—यहाँ चाय हर वक्त तैयार मिलती है—इसका क्या मतलब है? चाय तो किसी ठेले पर भी तैयार मिलती है।'

सरदार जी ने हँसकर कहा—'आप तो समझ ही गए होंगे जी। आपकी इसी फ्रिज वाली खिदमत के लिए बोर्ड लगाया है। यहाँ ठर्रे वाले भी तो आते हैं जी। वे 'चाय' का मतलब समझ जाते हैं।'

भाई साहब पर इस वक्त वह पहला वाला भीतरी आदमी सवार था। हम डर रहे थे कि कहीं इस बीच वह दूसरा भीतरी आदमी सवार हो गया, तो ये हमें दाल-रोटी खिला देंगे। पर वह पहला आदमी उन्हें छोड़ नहीं रहा था। उन्होंने हम दोनों के लिए चिकन-करी का ऑर्डर दिया। उम्दा सलाद बुलाया। ड्राइवर को मटन देने को कहा।

पर खुद अपने लिए? कोई ऑर्डर नहीं दिया। कहने लगे—'भई, हमारा पेट ठीक रहता नहीं है। हम तो हल्का खाएँगे। सरदार जी, फिश का एक पीस कितने का होता है?'

मैं समझ गया कि वह दूसरा वाला भीतरी आदमी इनके व्यक्तित्व पर हावी हो गया है।

सरदार जी ने कहा—'एक पीस तो जी 60 पैसे का होता है।'

भाई साहब ने कहा—'बड़ा महँगा है। अच्छा, एक पीस फिश, आलू की सब्जी और रोटी हमारे लिए ले आओ।'

हम चिकन-करी और न जाने क्या-क्या उड़ा रहे थे। पर भाई साहब पर वह दूसरा आदमी हावी हो गया था, इसलिए वे मोल-भाव करके मछली का एक टुकड़ा और आलू की सब्जी खा रहे थे।

भोजन के बाद उन्होंने बड़े बिल का पेमेंट किया।

पर जब पान खाने पहुँचे तो वह दूसरा आदमी ऊपर आ गया था और वे पान के ठेले वाले से पान का मोल-भाव करने लगे।

रास्ते में कुछ ऐसा हुआ कि गाड़ी खराब हो गई। गनीमत यह कि शहर में खराब हुई। वहाँ हमारे एक परिचित थे जिनकी कई गाड़ियाँ थीं। उनसे कहा तो उन्होंने अपने हेड मैकेनिक से कहा कि गाड़ी को बहुत जल्दी ठीक करो।

हेड मैकेनिक ने लगभग तीन घंटों में गाड़ी बिलकुल ठीक कर दी। भाई साहब बहुत खुश हुए। कहने लगे—'इसे कुछ इनाम दे दिया जाए।'

मैंने कहा—'शायद वह लेगा नहीं। फिर भी उसे दस का नोट देकर देखो। किसी वर्कशाप में मरम्मत कराते तो कम-से-कम पचास लग जाते। उसने पूरी गाड़ी 'ओवरहाल' कर दी है।'

भाई साहब ने गुस्से से मेरी तरफ देखा। मैं समझ गया, वह दूसरा आदमी उन पर हावी हो गया है। बड़ी मुश्किल से वे तीन रुपये देने पर राजी हुए, तो मेरे इशारा कर देने से मैकेनिक ने ले लिये।

पर इसके बाद ही वह पहला आदमी उन पर हावी हो गया। वे मैकेनिक से बोले—'आपने बड़ा काम किया हमारा। आप न होते तो हम बड़ी मुसीबत में पड़ जाते। अब आप हमारे साथ ही खाना खाइए।'

और जिस मैकेनिक को दो रुपये देने में वे आनाकानी कर रहे थे, उसे तीन रुपये का बढ़िया खाना खिला दिया।

तब उनके भीतर का वह पहला आदमी ऊपर आ गया था।

लौटते में एक जगह हम चाय पी रहे थे कि एक आदमी आया। बोला—'मेरी बस चूक गई है। मुझे आप गाड़ी में ले चलिए। सवा रुपया किराया लगता है, वह मैं आपको दे दूँगा।'

भाई साहब बोले—'दो रुपये लगेंगे।'

दूसरा भीतरी आदमी उन पर हावी हो गया था।

मैं अलग ले जाकर कहा—'भाई साहब, यह डाकुओं का एजेंट मालूम होता है। रास्ते में आपको डाकू पकड़कर ले जाएँगे और तब छोड़ने के लिए 50 हजार आपके लड़कों से माँगेंगे। लड़के सोचेंगे—धन्धा जम ही गया है। पिताजी किसी काम के रहे नहीं। तो वे जवाब देंगे कि हमारा तो कोई बाप ही नहीं था।'

भाई साहब मेरी बात समझ गए और उसे नहीं बिठाया।

जब हम अपने शहर से लगभग 80 मील दूर थे, एक पुलिस का ट्रक खड़ा मिला।

सार्जेंट आया। कहने लगा—'शहर में दंगे के अंदेशे के कारण यह फोर्स बुलाया गया था। पर हमारा ट्रक खराब हो गया। आप मेहरबानी करके मुझे गाड़ी में ले चलें। मैं शहर कोतवाली से दूसरा ट्रक भिजवा दूँगा।'

भाई साहब ने उसे बिठा लिया। रास्ते में सार्जेंट को अच्छा नाश्ता कराया।

कार भाई साहब के घर पहुँची। मेरा घर तो चार कदम पर था। कोतवाली आधा मील दूर थी।

भाई साहब उतरे। मैं उतरा। सार्जेंट सोच रहा था कि गाड़ी उसे कोतवाली पहुँचा देगी।

पर भाई साहब उस सार्जेंट से, जिसे 80 मील से ला रहे थे, बोले—'अब आप यहाँ से रिक्शे में चले जाइए।'

सार्जेंट को बड़ा अजीब लगा। उसका चेहरा बहुत दीन और अपमानित था।

मैंने भाई साहब से कान में कहा—'इसे 80 मील से लाए हैं। आधा मील में क्या फर्क पड़ता है? ड्राइवर से कहिए, छोड़ आएगा।'

भाई साहब ने कहा—'तुम्हारा क्या है? हमारा तो एक मील का पेट्रोल फुँक जाएगा।'

वह दूसरा भीतरी आदमी उन पर सवार हो गया था।

पर वह जल्दी ही उतर गया और उन्होंने सार्जेंट को कोतवाली कार में भिजवा दिया।

सड़े आलू का विद्रोह

इधर खरीद-फरोख्त की बात बुद्धिजीवियों में बहुत सुन रहा हूँ।

यह शिकायत उस चूहे की तरह है जो रोटी को देखकर चूहादानी में फँस गया है।

यह शिकायत उस चूहे की भी है, जिसे अभी तक चूहादानी नहीं मिली है। वह तलाश में है।

मैं बुद्धिजीवी नहीं हूँ, क्योंकि बुद्धि ही नहीं है। बैंगनजीवी बुद्धिवादी है क्योंकि वह अच्छा बैंगन पैदा करता है। मुझे बैंगन का भरता बहुत पसन्द है। कोई और भरता बैंगन से ज्यादा स्वादिष्ट हो तो मैं उसे भी स्वाद से खा सकता हूँ। बुद्धिवादी का भरता मैंने आज तक नहीं चखा क्योंकि वह बहुत महँगा मिलता है और कुछ खास लोगों के लिए ही बनाया जाता है।

मैं सब्जी-पसन्द आदमी हूँ। सब्जी-बाजार घूम आता हूँ।

अभी मैंने शाम को देखा कि एक कुँजड़े के टोकने में सड़े आलू रखे थे। मैं ध्यान से देखने लगा।

मेरे कुछ चित्रकार-मित्रों ने मुझे सिखाया है कि प्रकृति में आकार खोजे जा सकते हैं। बादलों में घोड़ों और हाथियों के आकार उन्होंने मुझे

दिखाए। वृक्षों की टहनियों में आकार दिखाए।

मैं आकार देखने में बड़ी दिलचस्पी लेता हूँ।

मैंने देखा—एक कुँजड़े के टोकने में बहुत-से सड़े आलू रखे हैं।

आदत के मुताबिक मैंने उनमें आकार देखना शुरू किया। देखा—इन सड़े आलुओं में बहुत बुद्धिजीवी के आकार हैं।

मैंने पूछा—'यारो, तुम शाम तक टोकने में पड़े हो। बात क्या है?'

वे बोले—'बात यही है कि अच्छे आलू साले सब बिक गए। कितना पतन है। उन्हें बिकने से इनकार करना था।'

मैंने कहा—'यारो, जिसे आलू की सब्जी खाना है, वह बैंगन थोड़े ही खरीदेगा। आलू को बाजार में आना है, तो वह बिकेगा ही। वरना बाजार में न आए। तुम कैसे रह गए?'

वे बोले—'हम सड़े आलू हैं, इसलिए नहीं बिक रहे हैं। जो अच्छे आलू थे, वे साले दिन में ही बिक गए।'

मैंने पूछा—'अब तुम क्या करोगे?'

वे बोले—'हम विद्रोह करेंगे। चाहे आधी रात तक टोकने में पड़े रहें, पर बिकेंगे नहीं। हम बिकने वालों में नहीं हैं। हम किसी कीमत पर नहीं बिकेंगे। हम आत्म-सम्मान रखते हैं। हर किसी के हाथ नहीं बिकते। हम सारी रात टोकने में पड़े रहेंगे।'

मैं उनके आत्म-सम्मान, सड़ेपन और विद्रोह से बहुत प्रभावित हुआ।

मैंने कहा—'मैं तुम्हारे प्रति श्रद्धा रखता हूँ। अच्छे आलू सचमुच पतित हैं, जो पहले बिक गए। बाजार में तुम भी हो, मगर सड़े होने के कारण तुम्हारा आत्म-सम्मान, अहंकार और विद्रोह बचा है।

'तुम्हारी जय हो! तुमने सड़ेपन के कारण बुद्धिजीवी वर्ग की लाज रख ली।'

इतने में एक सस्ते होटलवाला आया और कुँजड़े से एक रुपये में सारे सड़े आलू ले गया।

मुझे आघात लगा, जब वे आलू हँसते हुए मालिक के साथ चले गए।

सड़ा विद्रोह एक रुपये में चार किलो के हिसाब से बिक जाता है।

वीणावादिनी का केश

खाने के कई नाम हैं—रोटी खाना, भोजन, लंच, डिनर, जीमना वगैरह। इनमें रोटी खाना मुझे सबसे पसन्द हैं। गए, खाया, चले आए। मगर जब प्रतिष्ठित परिवारों में भोजन करने जाना पड़ता है, तब खाने के पहले डेढ़-दो घंटे उस परिवार की प्रतिष्ठा के सूचक प्रतीक और उपलब्धियाँ देखनी पड़ती हैं। टेबल पर 'इलस्ट्रेटेड वीकली' और 'फेमिना' पहले ही रख दिया जाता है। ये प्रतिष्ठा की निशानियाँ हैं। हिन्दी वाले पीठ ठोंकें कि दो हिन्दी साप्ताहिक भी अब टेबल पर दिखने लगे हैं। 'डेम दीज हिन्दी पेपर्स।' मैं खुद ही फर्नीचर और पर्दों के रंग देखकर तारीफ कर देता हूँ। इससे मेजबान की तकलीफ बचती है। अगर बगीचा हुआ तो उसे भी देखना होता है। इसमें अगर 'कैक्टस' हुए तो तकलीफ बढ़ती है। मुझे भूख लगी है मगर 'कैक्टस' देखना और उनके प्रकार सुनना पड़ता है। अगर रसोईघर पास हुआ तो एकाध झोंका पकवानों की गंध का नाक तक आ जाता है और मेरी इच्छा 'कैक्टस' चबा जाने की होने लगती है। फिर दीवार पर अगर मेजबान के पिता का चित्र टँगा है तो पिताजी का जीवन-चरित्र और तारीफ सुननी पड़ती है। बहुत लोगों के लिए पिता मूलधन होते हैं, और जैसे कंजूस बार-बार रुपये गिनता है, वैसे ही ये लोग पिता का हर आदमी के सामने वर्णन करते

हैं। उधर रसोईघर से भोजन की सुगंध आ रही है। मुझे भूख लगी है। इच्छा होती है कि पिताजी का फोटो ही खा जाऊँ। अगर वे सिर्फ इतना ही बता दें कि पिता एक नामी आबकारी अफसर थे, तो उन्हें वर्णन का कष्ट नहीं करना होता। मैं खुद उनका जीवन-चरित्र समझ जाता।

ये भले लोग ही होते हैं। केवल अपनी प्रतिष्ठा और उपलब्धियों से प्रभावित करना चाहते हैं। और यह कौन नहीं चाहता?

कुछ लोग बच्चों की योग्यता का उपयोग इसके लिए करते हैं।

कहेंगे—आपकी कृपा से दोनों बच्चियाँ संगीत में अच्छी गति रखती हैं। वे बड़ी लड़की को बुलाते हैं—बेटी सुशीला, अंकल को एक गाना तो सुनाओ।

थोड़ी देर में शरमाती-सी 16-17 साल की सुशीला आई और गाने लगी—'कोई परदेसी मेरा दिल ले गया, मोटी-मोटी अँखियों में आँसू दे गया।'

'परदेसी की प्रीत' की पीड़ा पुरातन है। पुराने जमाने में छैला युवक दूर कहीं धन्धे से या घरू काम से लम्बी यात्रा पर बैलगाड़ी में या घोड़े पर निकलता था। यात्रा लम्बी होती थी। रास्ते में पिता के किसी मित्र के यहाँ सुस्ताने को एक-दो रोज रुक जाता था। इस अवधि में घर की जवान लड़की से रागात्मक सम्बन्ध बन जाते थे। दो दिन बाद वह आँखों में प्रीति भरकर विदा होता था। लड़की उसके अदृश्य होने तक दरवाजा पकड़े उसे देखती रहती थी। वह आश्वासन के लिए बुढ़ऊ से कह देता था—कक्का जी, लौटते में जरूर रुकूँगा।

इस 'परदेसवा की प्रीति' पर बहुत काव्य हैं। सबसे पीड़ादायक प्रीत उस समय के परदेसवा की होती थी। दूर रहता था, बैलगाड़ी या घोड़ा आवागमन के साधन थे। शायद जीवन में 'परदेसवा' कभी नहीं लौटे। रेलगाड़ी और डाक चलने के बाद से 'परदेसी' की प्रीति उतनी कष्टदायक नहीं रही। वह किसी भी रेलगाड़ी से आ सकता है। वह चिट्ठी लिख सकती है और सहेली के पते पर उसकी चिट्ठी आ सकती है। पर रेलगाड़ी वाला

परदेशी ज्यादा ठहरता नहीं है। उसका 'रिजर्वेशन' होता है। फिर भी चंद घंटों में आँसू तो दे ही जाता है। इन परदेसियों में जो 'स्मगलिंग' के काम से निकला है, वह तो भागने की जल्दी में है। कहता है—'हम सबेरे वाली गाड़ी से चले जाएँगे'—क्योंकि उधर 'गैंग' इन्तजार कर रहा होगा। इसका ध्यान सुन्दरी पर नहीं, सोने के बिस्किट या अफीम की पेटी पर होता है।

इधर एक नया 'परदेसी' लोकप्रिय हो रहा है। यह बड़ी कम्पनियों का एजेंट या प्रतिनिधि होता है। इसे पहले दर्जे का किराया मिलता है, 20-25 रुपया भत्ता मिला है। यह ठहरता होटल में है, पर ऑर्डर बुक करके समय निकालकर 'अंकल जी' के यहाँ हो आता है। खाना भी खा लेता है। इतनी देर में ही उसके कपड़े, व्यवहार और अटैची से असर पड़ता है। परदेसी से राग हो जाता है, लड़की का। काइयाँ पिता जाँचता रहता है—लड़का अच्छा है। जम जाए तो लड़की निपट जाए। वह कहता है—'बेटा, तुम्हारा घर है। यहीं ठहरा करो।' मेरा विचार है, सबसे फायदेमन्द परदेशी यही है। और हर विवाह-योग्य लड़की के पिता को इसे प्रोत्साहन देना चाहिए।

लड़की का गीत सुनकर मुझे लगा, हाल ही में कोई दवा कम्पनी का प्रतिनिधि आया होगा जो कुछ नमूने की दवाएँ दे गया होगा। अंकल जी को उसने 'गैस' की गोलियाँ दी होंगी। तभी लड़की यह गीत गा रही है—कोई परदेसी मेरा दिल ले गया—(और बाबूजी की गैस मिटा गया)।

फिर छोटी लड़की ने गाया—'दम मारो दम, मिट जाए गम। बोलो सुबह शाम, हरे कृष्ण हरे राम।'

'दम' की बात सुनकर मेरी भूख और भड़की। आखिर हम खाने की टेबल पर पहुँचे।

मुझे ऐसे लोग भले ही लगते हैं। छोटी-छोटी चीजों से प्रभावित करने की कोशिश करते हैं। मैं इन चीजों पर हँसता हूँ, तो दुख भी होता है कि यह कोई अच्छी बात मैं नहीं कर रहा हूँ।

इधर मुझे एक करोड़पति का भोजन करने का सौभाग्य प्राप्त हुआ।

मैं भाषण देने एक बड़े शहर में गया था। एक भले और स्नेही सम्पन्न सज्जन को लगा होगा कि इन्हें भोजन घर में कराया जाए। मुझे उनके इस शुभ निर्णय की जानकारी पहले नहीं थी। एक 'बिचौलिये' मित्र से उन्होंने कह रखा था।

सुबह से वे अपना वैभव दिखाने निकले—बगीचा, अतिथि-गृह, बाल मन्दिर वगैरह। वैभव मुझे अच्छा लगता है। सौन्दर्य अच्छा लगता है। पर अगर सुन्दरी ऐसा काजल लगा ले जो उसकी भौंहों तक आ जाए तो कैसा लगेगा? या अनंत सौन्दर्यवती सिर में चमेली का सस्ता तेल इतना डाल ले कि वह कपाल पर आ जाए तो कैसा लगेगा? या कोई सुन्दरी इतनी गहरी लाल लिपस्टिक चुपड़ ले कि वह नाक तक आ जाए तो कैसा लगेगा? या सुन्दरी बाथरूम का उपयोग न करके, छज्जे पर खड़ी होकर मंजन करे और 'थुक-थुक' करे, तो वह सौन्दर्य कितना घृणास्पद होगा? सुन्दर बगीचे में यदि तरह-तरह के गुलाबों के बीच गदा लिये हनुमान जी की भद्दी मूर्ति खड़ी कर दे, तो फूलों का क्या होगा? कोई वीणा में फूहड़ फुंदे बाँध दे तो कैसा लगेगा? दिल्ली में उच्चवर्गीय स्त्रियाँ महँगे रेस्तराँ से निकलकर मुरब्बा डलवाकर पान खाती हैं, तो मेरी उधर देखने की हिम्मत नहीं होती।

वह वैभव मुझे ऐसा ही लगा। चार मंजिला विशाल इमारत। मगर फर्श और दीवार खूब गहरे रंगों से पुते। पर्दे गहरे हरे। मैं इन रंगों के बीच दो-चार दिन रहूँ, तो पागल हो जाऊँ।

मुझे वैभव, सौन्दर्य अच्छे लगते हैं। मगर कीमती सुन्दर चित्र के फ्रेम पर मोटे-मोटे अक्षरों में अपना नाम और पता लिखवा ले, तो चित्र देखने से विरक्ति होती है। मुझे ऐसा लगा, जैसे सुन्दर कमरे में बैठा हूँ जिसके एक कोने में पिशाचिनी की मूर्ति रखी है।

मगर वे भले आदमी थे। रुचि उनकी अपनी थी। पिता के बड़े भक्त थे। पिता यह लोक छोड़ चुके थे। जो पिता 'बंजारे' से परलोक जाने को

लदने के पहले कहे—'जरा एक मिनिट, लड़के को तिजोड़ी की चाबी दे दूँ'—वह पूजास्पद तो होगा ही।

वे पिता के गुण बखानते थे। बीच में कुछ विशेष छूट जाता, तो बिचौलिया बन्धु जोड़ देता था। कहने लगे—'बाबूजी बड़े सीधे और भोले थे। कोई भी उनसे कोई बहाना बनाकर रुपये ले जाता था। लोग तो उन्हें 'बुद्धू' समझते थे। बड़े दानशील थे।'

मैं जानता हूँ कि मछलियों को दस पैसे का दाना चुगाकर फिर उन्हें जाल से पकड़वाकर किस भाव बेचा जाता है। सबेरे भिखारियों को ऐसे दुबले गेहूँ बाँटना जिनकी हड्डी निकल आई है और फिर अच्छे गेहूँ का सौदा करना—यह भी जानता हूँ। दानशीलता, सीधापन, भोलापन—असल में एक तरह का 'इनवेस्टमेंट' होता है। और जहाँ तक लाख-दो लाख के दानों का सम्बन्ध है, सब जानते हैं कि इसमें कितना इनकम टैक्स का जाता है और गाँठ का कितना-सा। इतने में से नाम खुदकर अमर हो जाए, तो सौदा महँगा नहीं पड़ता।

कहने लगे—'कोई शौक नहीं था। 3-4 घंटे पूजा करते थे। रात को अलबत्ता थोड़ी देर मुनीमों के साथ ताश खेलते थे।'

एक मुसाहिब अब तक चुप था। वह बोला—'ताश भी आत्म-सम्मान से खेलते थे। उन्होंने मेम चली है, तो कोई उस पर बादशाह नहीं चल सकता था। गुलाम चल सकता था।'

मुझे यह बात यथार्थवादी और तर्कपूर्ण लगी।

मुझे 4 बजे की गाड़ी से जाना था। करीब 12 बजे मैंने अपने मित्र से कहा—'अब खाना खा लें। थोड़ा आराम।' मित्र ने कहा—'भोजन तो उन्हीं के यहाँ करना है।' मैंने कहा—'पर उन्होंने मुझसे तो कहा नहीं।' मित्र ने कहा—'संकोची आदमी हैं। मुझे इशारा कर दिया था।'

हम उनके घर पहुँचे। बड़ा-सा बैठकखाना। दीवारें उनके पिता के चित्रों से भरी हुई थीं।

उन्होंने बतलाना शुरू किया—'इस मंत्री के साथ फोटो, उस नेता के साथ, शंकराचार्य के साथ, दान देते हुए, गरीबों को अन्न बाँटते हुए, पूजा करते हुए।'

ज्यादा फोटो मंत्रियों और नेताओं के साथ थी। मैं देखता और 'वाह!' कहता।

इधर घड़ी आगे बढ़ रही थी।

सोफे पर बैठे तो उन्होंने अपने फोटोग्राफ़ का एलबम निकाला। करीब 100 फोटो उनके देखे।

मुझे भूख जोर की लगी थी। टाइम भी बहुत हो गया था। तीसरे, मैं इस बात से बहुत चिढ़ गया था कि कोई आदमी 6-7 घंटे अपनी महत्ता ही बतलाता रहे। अपने पिता, खुद और प्रॉपर्टी, इन तीन चीजों की तारीफ मैं 6 घंटे सुनता रहा।

आखिर लगभग डेढ़ बजे भोजनालय पहुँचे। सामने कोई 15 तरह के पकवान—सब में से वही फूहड़ सम्पन्नता टपक रही थी। हलवा और चूरमा में से घी बह रहा था। मैं तय नहीं कर पाया कि इनमें से क्या खा लूँ।

इतने में एक चीज और आई। वे कहने लगे—'यह हमारे यहाँ की खास चीज है—'बाफला'।'

बाटी के आकार की होती है, घी में पूरी तरह सराबोर। न जाने कैसे बनाई जाती है! बेहद भारी और लिवर की जान लेने वाली।

मैं इसे देखकर काँप उठा। एक बार खा चुका हूँ। भोपाल में मित्र की पत्नी ने बाफला खिलवाए। मैं चटोरेपन के कारण काफी खा गया। मुझे साढ़े दस बजे रात की गाड़ी से जाने का था। खाना हम लोग लगभग साढ़े आठ बजे खा चुके थे।

मैंने मित्र से लगभग नौ बजे कहा—'बिस्तर बाँध लें। सामान समेट लें। इधर ताँगा भी जल्दी नहीं मिलता।'

मित्र की पत्नी ने कहा—'यह सब कुछ मत करिए। आप इस गाड़ी से जा नहीं सकते।'

मैंने पूछा—'क्यों?'

वे बोलीं—'क्यों का सवाल नहीं है। आप चले जाएँ तो कल मैं आपको इनाम के रूप में सौ रुपय़ों का चेक भेजूँगी।'

मैंने पानी माँगा। मुँह सूख रहा था। दो गिलास पानी पिया। थोड़ी देर बाद शरीर शिथिल-सा होने लगा और मुझे लगा कि बाफला मेरी पिंडलियों में घुस रहे हैं। थोड़ी देर बाद फिर पानी पिया और लगा कि बाफला सारे शरीर में घुस गया है।

आखिर मैं लुढ़क गया और सुबह नींद खुली।

सोचता हूँ, राजपूत लोग मुसलमान सेनाओं से लड़ने के बदले उन्हें बाफला भेज देते कि आप हमारे मेहमान हैं, लड़ाई होती रहेगी। पहले हमारा खास पकवान खाइए। जब वे बाफला खाकर घंटे-दो घंटे में लुढ़क जाते, तो जाकर उन्हें काट आते।

वही बाफले दुश्मन की तरह मुझे देख रहे थे। ये वीरों या अलालों के खाने की चीज है।

खैर, खाना शुरू हुआ।

वे खाने के बारे में भी पिताजी के शौक और रुचि की बात करते रहे।

कह रहे थे—'पिताजी अकेले कभी भोजन नहीं करते थे। मित्रों या मुनीमों को साथ खाने को बुला लेते थे। कोई न मिले तो सड़क से निकलते, किसी भी आदमी को पकड़ लेते और उसे साथ खाने को बिठा लेते थे। ऐसी ही आदत मेरी भी है।'

सुनकर मेरा कौर हाथ में रखा रह गया।

मैं भी शायद सड़क से पकड़ा गया आदमी हूँ जिसे इन्होंने खाने को साथ बिठा लिया है।

कौर मेरा मुँह में जा नहीं रहा था। पर माँ सरस्वती प्रसन्न थी। उसने उनका पानी उतारने की तरकीब एक क्षण में बता दी।

मैंने कौर मुँह में लिया और फौरन फुर्ती से उसे निकालकर थाली में डाल लिया।

उन्होंने कहा—'क्यों? क्यों?'

मैंने कहा—'इसमें बाल है।'

मैंने बहुत बुरा मुँह बना लिया।

वे बोले—'बाल? बाल कैसे हो सकता है? हमारे यहाँ तो दो महाराज रोटी बनाते हैं।'

मैंने कहा—'छोड़िए। मेरा भोजन पूरा हो चुका था। मैं आगे खा नहीं सकूँगा। खाऊँगा तो उल्टी हो जाएगी।'

तहलका मच गया। सबने खाना बन्द कर दिया। फोटोग्राफर को अब उनकी फोटो लेना था। उन्होंने सोचा होगा—पत्नी यह सोचकर कि मेहमान आ रहे हैं, नहाने के बाद सीधे शायद रसोईघर चली गई हो, यह देखने कि अच्छा खाना बन रहा है कि नहीं।

महाराज लोग तो घुटी चाँद के थे।

ज्योंही उनके दिमाग में यह बात चमकी, वे बहुत शर्मिन्दा और दीन हो गए। पानी उतर गया। सोचते होंगे—मेहमान समझ गए होंगे कि मेरी पत्नी फूहड़ है, जो खाने में बाल गिरा देती है।

वे भिखारी की तरह दीन हो गए। बार-बार माफी माँगने लगे।

उस समय मुझे लगा कि इस चौमंजिला इमारत का मालिक मैं हूँ और मैं इन्हें सड़क से पकड़कर खाने को ले आया हूँ।

खाना फिर सबने बन्द कर दिया।

बाफलों की आँखें निकल आई थीं और वे एक आँख दबाकर काइयाँ इशारा कर रहे थे।

हाथ धोकर वे छज्जे पर गए। मैं सुन रहा था :

'इतने बड़े आदमी के सामने नाक कटा दी खानदान की!'

'पर मैं भगवान की कसम खाकर कहती हूँ कि रसोई में गई ही नहीं।'

अब उन्हें जल्दी थी मुझसे पिंड छुड़ाने की। जल्दी पान खिलाया और ड्राइवर से मित्र के घर पहुँचवा दिया।

घर में मित्र ने पूछा—'क्या सचमुच खाने में बाल था?'

मैंने कहा—'नहीं, औरत का बाल नहीं था। वीणावादिनी माँ सरस्वती का बाल था।'

रोजमर्रा का मामला

प्रोफेसरों और रीडरों की एक 'कानफरेन्स' थी—'कानफरेन्स' शब्द 'सम्मेलन' से लगभग 10 गुना गरिमावाला होता है क्योंकि 'सम्मेलन' छोटे पढ़ाने वालों का होता है और 'सेमिनार' तथा 'कानफरेन्स' बड़े पढ़ाने वालों का।

पहले 'गरीब शिक्षक' एक मुहावरा था। अब यह मुहावरा कुछ लोगों पर ही लागू होता है यानी उन पर, जो प्राइमरी या मिडिल स्कूल में पढ़ाकर 6 घंटे ट्यूशन करते हैं। मगर मेरी एक बात समझ में नहीं आती—एक गरीब कहलाने वाले (परम्परा से) हाई स्कूल के शिक्षक से जब मैंने पूछताछ की कि मुझे दो कमरों का एक मकान चाहिए तो उन्होंने जो कहा, वह अक्षरशः यह है—'देखिए, हम तो हर साल 50 लड़के ट्यूशन और नकल और नम्बर बढ़वाकर पास करवाते रहे हैं। अब अपने दो मकान हैं। ईश्वर की दया से (यानी शिक्षकीय ईमान की दया से) पाँच सौ रुपया किराया आता है। आप तो अपने ही आदमी हैं। जो देना चाहें, दे दीजिए। घर आपका है। दो कमरे हैं, बाथरूम है। आपको सारे सुभीते मिलेंगे। आप घर में ही खाना खाइए। जो उचित समझें, दे दीजिए। आप तो स्वयं बुद्धिमान हैं। मगर हम चाहते हैं कि इसे सरकार किसी दफ्तर के

लिए ले ले जिससे आपसे तिगुना किराया मिले। वैसे आप रहिए।'

मैं उस मकान को किराये से ले लेता, पर इसलिए नहीं लिया कि आत्मीयता के बावजूद उन्होंने कहा था—'आप स्वयं बुद्धिमान हैं।'

इस वाक्य से प्रबुद्ध समाज में मैं बहुत घबड़ाता हूँ क्योंकि इसका मतलब यह नहीं होता कि आप बुद्धिमान हैं। इसका मतलब होता है—'आप निहायत बेवकूफ आदमी हैं, जिनके पास आज तक दो कमरे भी नहीं हुए। और हम आप जैसों को बेवकूफ बनाते हैं।'

फिर उनकी बीवी और दो लड़कियों को देखा। उन्हें ऊन लाकर देने में मेरी कलम-घिसाई की आमदनी का बड़ा हिस्सा चला जाता। मैंने 5 मिनिट में ही यह समझ लिया।

मैंने अति विनम्रता से उससे कहा—'मेरी इतनी हैसियत नहीं है कि ऐसे अच्छे 'अपार्टमेंट' को किराये से लूँ—आपके स्नेह के बाद भी।'

बात मैंने प्रोफेसरों और रीडरों की 'सेमिनार' से शुरू की थी, पर 'मास्टर' पर आ गया। यों दोनों एक वर्ग के हैं।

बेचारा लेक्चरर, बेचारा रीडर, बेचारा प्रोफेसर—ये 20 साल पुरानी बातें हो गईं। अब सीनियर लेक्चरर—या रीडर के घर फ्रिज होता है। प्रोफेसर के पास कार और 'सेलर' भी! यों मैंने ऐसे रीडर भी देखे हैं, जो फ्रिज बरामदे में रखते हैं, जिससे सड़क से निकलने वाले को दिख जाए कि इनके पास फ्रिज है। उनका वश चले और कार हो तो कार को वे फाटक पर टाँग दें।

मैं दया और प्रार्थना के सिवा और क्या कर सकता हूँ कि—हे ईश्वर कहलाने वाले कोई—मैं तुझे नहीं मानता हूँ, क्योंकि मैं नास्तिक हूँ—मैं नहीं मानता कि तुझमें इतनी क्षमता है कि तू हर केंचुए का भला कर सके। पर जिनका तुझ पर अटूट विश्वास है, उन्हें तू सपने में ही इतना ज्ञान तो दे ही सकता है कि 'फ्रिज' घर में कहाँ रखना चाहिए। तू सर्वशक्तिमान है पर उन्हें यह ज्ञान नहीं दे रहा। मैं देना चाहता हूँ। तब क्या तुम इस्तीफा देकर

सर्वज्ञानी, अन्तर्यामी और सर्वशक्तिमान का पद मुझे दे दोगे?

यह मैं मजाक कर रहा था। कोई सर्वशक्तिशाली या सर्वज्ञानी नहीं है। पर मजाक करना मेरी आदत है और मेरा 'विटामिन' भी। मैं विटामिन की गोली खा रहा था—यह मजाक करके। सबको, जो जीना चाहते हैं, इस गोली का सेवन जरूर करना चाहिए—हँसने के विटामिन की गोली का।

तो मैं बात कर रहा था, प्रोफेसरों और रीडरों के एक शैक्षणिक सम्मेलन की। बड़े-बड़े विद्वान शिक्षाविद् आए थे। मैं उनके सामने अपने को हीन समझता था। कहाँ ये करोड़ों युवकों के गुरु और कहाँ मैं एक 'कलमघिस्सू' लेखक। थोड़ा-बहुत मैंने भी पढ़ा-सोचा-समझा है, पर इसी कारण तो अपने को ज्ञानी मानने की बेवकूफी नहीं करता। ज्ञान आदमी को हमेशा इस बेवकूफी से बचाता है कि वह अपने को ज्ञानी न समझे।

जिस राज्य में इन 'पेडागॉग' लोगों की मीटिंग थी, वहीं मैं 'डेमागॉग' भी था—बल्कि उसी शहर में था। सारे प्रदेश में छात्रों की हड़ताल थी। अध्यापकों की हड़ताल भी थी। लड़कों के ही नहीं, डीनों के भी सिर फूट रहे थे।

उसी समय कुछ लेखकों का सम्मेलन भी वहीं था।

मैं लेखक के नाते कई बातें जानना और समझना चाहता था। लिहाजा एक गँवार लेखक की तरह, मुझसे चौगुने कपड़े और ठाठ वाले इन विद्वानों के आसपास छात्र की तरह मौका निकालकर घूमता रहता और बातें सुनता रहता। आखिर ये इतने गम्भीर लोग किस राष्ट्रीय समस्या से उलझे हैं?

तो मैं बराबर विद्वानों की बातें लॉन में टहलते हुए या कैंटीन में नाश्ता करते हुए एक क्षुद्र जिज्ञासु की तरह सुनता रहता।

नतीजा मेरे अनुभव का यह है :

1. गुट संख्या एक— (वार्तालाप)

'और कैसा क्या हाल है?'

'ठीक है, पर इस बार जयपुर से पेपर नहीं आया।'

'पता नहीं, क्या हो रहा है आजकल? पूना से मुझे हर साल पेपर आता था। पर इस साल नहीं आया।'

'भई, सब जगह पतन हो गया है।'

2. गुट संख्या दो— (जो गुट संख्या एक की बौद्धिक शत्रु है)

वार्तालाप :

'वह 'साला' कह रहा था किसी से कि मुझे इस बार जयपुर का पेपर नहीं मिला। ठीक है। पर जब मुझे जोधपुर का पेपर नहीं दोगे, तो मैं तुम्हें जयपुर का पेपर क्यों दूँगा?'

'ठीक बात है। जब तुम पूना और बम्बई से समझौता किये हो, तो राजस्थान से क्यों उम्मीद करते हो?'

'ठीक कहते हो। बात 'सिद्धान्त' की है। अच्छा, यह बताओ, 'मॉडरेशन' के लिए तो तुम मुझे बुला रहे हो न?'

'हाँ, हाँ, पक्का। आपका-हमारा सम्बन्ध कोई आज का थोड़े ही है। पर इस साल बी.ए. पार्ट वन का पेपर ही भेजिए। कॉपियाँ ज्यादा होती हैं।'

3. तीसरा गुट— (वार्तालाप)

'आप अच्छे हैं?'

'जी, आपकी कृपा है।'

'बच्चे भी अच्छे हैं?'

'जी, सब अच्छे हैं। आपकी कृपा है।'

'और क्या हालचाल है?'

'हालचाल क्या कहें। डॉ. त्रिपाठी ने तो हमें काट ही दिया है। आप कोशिश करें तो कोई पेपर हमें मिल सकता है।'

'मैं पूरी कोशिश करूँगा। आप तो आगरा ही लौटेंगे न?

'जी हाँ। मैं आपको पहुँचते ही पेठे का पैकेट भेजूँगा। आपको आगरा के पेठे पसन्द हैं न?'

ज्ञानियों और गुरुओं की बातें सुनने के बाद मेरे हाथ में प्रिंसिपल का टाइपिस्ट एक अखबार दे गया और मुझ जैसे के हाथ में ही क्यों दे गया?

अखबार में सुर्खियाँ थीं :

'छात्रों पर लाठी चार्ज'

'गोली चालन—2 मरे'

'प्रोफेसरों पर लाठी चार्ज'

'दो प्रोफेसरों की हालत चिन्ताजनक।'

'डीन की नाक पर लाठी का वार!'

मैं बहुत परेशान था। यह हो क्या रहा है? प्रोफेसर और डीन तक पिट रहे हैं।

मैं उदास बरामदे में बैठ गया। पर जिन्हें उदास होना था, वे बगीचे में तरह-तरह के फूल सूँघ रहे थे और बगीचे की तारीफ कर रहे थे—'ए गुड गार्डन। वेरी वेल मेंटेंड। क्वाइट ए वेराइटी ऑफ फ्लोरा एंड फॉना!'

मुझे लगा कि इस देश में सामान्य आदमी के खून का उपयोग फूलों को रंग और खुशबू देने के काम आ रहा है। कुछ और काम उस खून से नहीं हो रहा। इस समय इन फूलों को लड़कों और अध्यापकों के खून का रंग दिया जा रहा है। बड़ी ताजगी है।

मैं गमगीन बैठा था।

तभी एक साहब आए। कहने लगे—'क्या आपका नाम हरिशंकर परसाई है?'

किसी ने उनसे कह दिया होगा कि यह बड़ा बदमाश आदमी है। वरना वे नम्र न होते।

मैंने कहा—'जी हाँ। क्या आज्ञा है? सेवा बताइए।'

वे बोले—'हम लोगों की एक मीटिंग है। आप भी शामिल हों तो कृपा होगी।'

मैंने कहा—'इसमें कृपा या अकृपा का सवाल नहीं है। सवाल उपयोग का है। अगर मेरा उपयोग हो तो मैं जमादारों की मीटिंगों में भी कई सालों से, जब वे चाहते हैं, चला जाता हूँ। पर आपकी इस मीटिंग में मेरा क्या कोई उपयोग है?'

वे बोले—'देखिए, आप लेखक हैं, बुद्धिजीवी हैं। हम सब एक हैं। आपका उपयोग है।'

मैंने कहा—'नहीं, नहीं, आप और मैं एक-से बुद्धिजीवी नहीं हैं। आप तनख्वाह वाले बुद्धिजीवी हैं, मैं बिना तनख्वाह का बुद्धिजीवी हूँ। न मेरी पहली तारीख होती, न इकतीस तारीख।'

वे हँसे। व्यंग्य-लेखक को वे एक उल्लू मसखरा समझते थे। मैं इस बात को जानता हूँ—यह वे नहीं जानते थे।

खैर, मैं गया उस मीटिंग में।

सबने बड़ा आदर दिखाया। (वह सच्चा ही रहा होगा, यह मेरा विश्वास और भ्रम दोनों हो सकते हैं। खास फर्क नहीं है।)

मैंने कहा—'हम बुद्धिजीवियों के सामने बड़ी-बड़ी चुनौतियाँ हैं। हमें उनका समाधान खोजना चाहिए, वरना इतिहास यह कहेगा कि संकट काल में, संक्रान्ति काल में इस देश के बुद्धिजीवी ने देश की करोड़ों जनता को धोखा दिया।'

मेरी बात पर ताली बजी। बात चिन्ता की थी। पर बज रही थी ताली।

इसके बाद जो कार्यक्रम शुरू हुआ, वह उनकी महत्त्वपूर्ण आपसी चर्चा थी :

'हाँ, तो यू.पी. में क्या स्केल है?'

'मैसूर में प्राइवेट कॉलेज में क्या पे स्केल है?'

'यू.जी.सी. नये साल में कितना अतिरिक्त ग्रांट देने वाली है?'

'हमारे प्रान्त में तो तीन महीनों से प्राइवेट कॉलेजों में तनख्वाह नहीं मिली। कारण है पॉलिटिक्स।'

'हमारे यहाँ बिना डॉक्टरेट के रीडर ही नहीं बनाते। यह क्या धाँधली है?'

मैंने एक बार टोका—'क्या आप लोग इस छात्र और सामान्य शिक्षक की समस्या पर भी विचार करेंगे? आपने आज का पेपर पढ़ा ही होगा।'

अध्यक्ष ने कहा—'लड़के ऊधम तो करते ही रहते हैं जी। हम उसमें क्या करें? लाठी भी चलती है, गोली भी चलती है। हड़ताल भी होती है। लोग मरते भी हैं। यह तो रोजमर्रा का मामला हो गया है जी।'

मैंने कहा—'आप बिलकुल दुरुस्त फरमा रहे हैं। पर रीडर, सीनियर रीडर, पेपर सेटिंग, मॉडरेशन, पेपर आउट, नम्बर बढ़ाना—यह भी रोजमर्रा का ही मामला हो गया है।'

अध्यक्ष चौंके। बाकी लोग जरा देर सन्नाटे में बैठे रहे। वे मुझसे मीठी बातें सुनना चाहते थे। पर मैं अपने स्वभाव से लाचार हूँ।

तब मैंने कहा—'सही है, रोजमर्रा की चीजें हैं ये सब। मेरी भी आदत रोज 11 बजे सो जाने की है। मैं सो जाऊँ तो आप लोग मुझे माफ जरूर ही कर देंगे, क्योंकि यह भी मेरा रोजमर्रा का मामला ही है, जैसे आपके लिए दूसरे रोजमर्रा के मामले हैं।'

और मैं कमर तक झुककर, हाथ जोड़कर, उठकर बाहर चला गया।

नम्बर दो की आत्मा

कमबख्त टैक्सी बेचकर साधु और योगी हो गया है। एक ही तो यह टैक्सी वाला था जिसका मीटर ठीक रहता था। वह अच्छी बातें भी करता था। कहता—'साब, मीटर भी आदमी को पहचान लेता है।'

टैक्सी के मीटर अक्सर आदमी को देखकर ठीक होते और बिगड़ते रहते हैं। इसका मीटर मेरा आत्मीय हो गया था। मुझे देख लेता तो होश में रहता था। मैं अक्सर उसी की टैक्सी लेता था।

एक दिन मैंने उससे कहा—'चलो भई, जरा यूनिवर्सिटी पहुँचा दो।'

टैक्सी वाले ने कहा—'साहब, माफ करना। 15 दिन खिदमत नहीं कर पाऊँगा। जयपुर से एक पार्टी आ गई है, जिसकी खिदमत में लगा हूँ।'

मैंने पूछा—'कैसी पार्टी है यह, और क्यों आई है?'

उसने कहा—'बड़े सेठ हैं। इधर एक कोई साधु आए हैं जो 2-3 घंटों में आदमी को अपने से भुलाकर दूसरी दुनिया में ले जाते हैं। उनका यहाँ पर 'आत्म शान्ति आश्रम' चल रहा है। बड़े-बड़े लोग आए हैं आत्मा की शान्ति के लिए।'

मैंने उससे पूछा—'क्या तुम्हें आत्मा की शान्ति नहीं चाहिए?'

उसने कहा—'साहब, किसे नहीं चाहिए। पर अपना तो यह है कि

दिन भर मेहनत की, शाम को बीवी-बच्चों के साथ खाना खाया और सो गए। सबेरे से फिर आप लोगों की खिदमत में।'

मैंने पूछा—'फिर यह जो तुम्हारी पार्टी है, वह ऐसा क्यों नहीं कर सकती?'

उसने कहा—'पता नहीं साहब, क्या बात है! बम्बई, कलकत्ता और दिल्ली फोन करता रहता है। सौदा करता है और 2-3 घंटे के लिए आत्मा की शान्ति के लिए और अपने को भूलने के लिए साधु-आश्रम में जाता है। लौटकर फिर हिसाब और फोन करने लगता है।'

मैंने कहा—'शायद उसकी आत्मा अपने से अलग किस्म की हो!'

उसने कहा—'हाँ, साब, हो सकता है। आत्मा का भी इस जमाने में क्या ठिकाना है, साब। सुना है, नम्बर दो की आत्मा भी होने लगी है!'

मैंने दूसरी टैक्सी ले ली।

3-4 दिन बाद वह फिर मिला।

मैंने पूछा—'कैसा चल रहा है धन्धा?'

उसने कहा—'साब, चाँदी कट रही है। मैं तो चाहता हूँ कि इस देश में सब लोग नम्बर दो की आत्मा के हो जाएँ तो हम लोगों का बड़ा फायदा हो।'

मैंने पूछा—'सेठ को कोई और शौक है? दारू का या औरत का?'

उसने कहा—'नहीं साब, बड़ा भला आदमी है। न दारू, न औरत। रोज सबेरे पूजा करता है और किसी दंद-फंद में नहीं है। बड़ा धार्मिक आदमी है। पर आत्मा की शान्ति के लिए और अपने को भूलने के लिए रोज सैकड़ों रुपये खर्च करता है। बड़ा भला आदमी है। गुरु उसे 2-3 घंटे में दूसरा आदमी बना देते हैं।'

दो दिन बाद टैक्सी वाला मुझे फिर मिला।

मैंने पूछा—'आश्रम में क्या होता है? आत्मा को शान्ति कैसे मिलती है? आदमी अपने को कैसे भूलता है?'

उसने कहा—'मैंने खिड़की से झाँककर देखा है। वह साधु घंटे भर तो भक्तों को आँखें बन्द करके बैठने को कहता है। फिर कहता है—तुम तुम नहीं हो। तुम कोई और हो। तुम्हारा कोई नाम नहीं, तुम राधेश्याम नहीं हो। बोलो राधेश्याम, तुम क्या राधेश्याम हो?' मेरा सेठ कहता है—'मैं राधेश्याम नहीं हूँ। मैं कोई नहीं हूँ।' इसके बाद साहब, न जाने क्या जादू वह गुरु करता है कि लोग नाचने लगते हैं। बकने लगते हैं और यहाँ-वहाँ लुढ़क जाते हैं, तब मैं टैक्सी में सेठ को लेकर होटल आता हूँ।

'मैं पूछता हूँ—सेठजी, आपका नाम क्या है? तो वे कहते हैं—मेरा नाम राधेश्याम है। साब, 2-3 घंटे भूलने के लिए ये लोग इतना रुपया खर्च करते हैं और तपस्या करते हैं। यह भी बड़े आदमी का एक शौक ही है। हम गरीब लोग भी और तरीके से अपने को दो-तीन घंटे भूल जाते हैं। आप जानते हैं। पर अपना काम सस्ते का है।'

मैंने उससे पूछा—'तुम क्या आत्मा को जानते हो? वह कैसी होती है? तिकोन होती है या चौकोन होती है?'

उसने कहा—'साब, हम यह सब कुछ नहीं जानते। ये बड़े आदमियों के चोचले हैं। हम तो दिन भर मेहनत करते हैं। रात को रोटी खाते हैं, सो जाते हैं और सबेरे से फिर आप लोगों की खिदमत में हाजिर हो जाते हैं। आत्मा ठीक रहती है।'

मैंने पूछा—'जब यह तुम्हारा सेठ गुरु के आश्रम में कहता है कि मैं राधेश्याम नहीं हूँ तो फिर राधेश्याम के नाम से बम्बई और कलकत्ता सौदे के लिए ट्रंक क्यों करता है?'

उसने कहा—'पता नहीं साहब कि यह मामला क्या है! हम तो खास पढ़े आदमी भी नहीं हैं। हम क्या समझें कि दो घंटे पहले कोई आदमी, आदमी न होकर, ईश्वर हो जाता है और बाद में बम्बई और कलकत्ता से सौदे के लिए फोन करता है!'

मैंने कहा—'क्या तुम्हें यह नहीं लगता कि आत्मा और माया के बीच

में सौदा हो गया है? यानी स्वार्थ और परमार्थ ने हाथ मिला लिये हैं—या ईश्वर बिजनेसमैन हो गया है?'

उसने कहा—'साब, हम ये बातें क्या जानें? हम तो न पढ़े-लिखे, न ज्ञानी। हम तो टैक्सी चलाते हैं, मेहनत करते हैं और बाल-बच्चों को पालते हैं। आत्मा तो बड़े लोगों का शौक है!'

मैंने पूछा—'तुम्हारी तरह वह सेठ भी मेहनत करके बच्चे पालता है या वह योगी-साधु भी रोटी के लिए कोई काम करता है?'

उसने कहा—'साब, हम तो गरीब आदमी हैं। हम इन बातों को क्या जानें! इतना जानते हैं कि साधु कुछ काम नहीं करता और रईस की तरह रहता है और हमारी यह पार्टी—यह सेठ भी 2-3 घंटे साधु रहने के बाद बम्बई और कलकत्ता सौदे के लिए फोन करता है। बस, इतना काम ये लोग करते हैं।'

मुझे यह मामला बड़ा दिलचस्प लगा। कोई करोड़पति 2-3 घंटे अपने को, जगत को और माया को भूलने के लिए इतनी दूर आए और इतने रुपये खर्च करे! मुझे ऐसे लोगों पर दया भी आती है। मैं जानता हूँ, अध्यात्म भी धन्धा है। अमोह भी धन्धा है। निर्लोभ भी धन्धा है। अपरिग्रह भी धन्धा है।

अहिंसा तक धन्धा हो गया है।

एक दिन टैक्सी वाले से मैंने पूछा—'क्या दो-तीन घंटे अपने को भुलाकर जैसा इनसे वह साधु करवाता है, वैसा क्या तुम नहीं करा सकते? यह बेचारा सेठ 2-3 घंटे कसरत करता है, तब कहता है कि मैं राधेश्याम नहीं हूँ। मेरा कोई नाम नहीं है। मैं तो शुद्ध आत्मा हूँ। तुम क्या इससे आसान तरीके से यह नहीं करा सकते?'

टैक्सी वाला बेवकूफ नहीं है। बहुत समझदार है। वह मामला समझ गया। उसने कहा—'साहब, मैं 'हिराई' करता हूँ। परसों आपको बताऊँगा। ऐसा हो सकता है—और बिना गुरु के हो सकता है।'

तीसरे दिन वह मुझे मिला। कहने लगा—'आपने ठीक सलाह दी थी।

मैंने सेठ से कहा—सेठजी, आप दो-तीन घंटे सेठ नहीं रहने के लिए सैकड़ों रुपया खर्च करते हैं। फिर आप सेठ हो जाते हैं। इतना पैसा आप इतने छोटे काम के लिए क्यों खर्च करते हैं? हमारे ऋषि-मुनियों ने इस बात पर बहुत सोचा है और उन्होंने एक तत्त्व तैयार किया है जिसे 'आत्म विस्मृति रसायन' कहते हैं। यह आध्यात्मिक तत्त्व है। इसे आप आज लीजिए। बड़ी मुश्किल से किसी योगी के पास वह मिलता है। इधर आपको 500 रुपये रोज लग रहे हैं। मैं कोशिश करूँगा कि ईश्वर की कृपा से आपको वह 50 रुपये में मिल जाए।'

सेठ ने कहा—'यह मुझे मालूम ही नहीं था कि भारत में ऐसे-ऐसे योगी पड़े हैं। तुम लाओ ऋषियों का वह तत्त्व।'

टैक्सी वाला बोला—'साब, मैं 50 रुपये उनसे लेकर गया। 20 रु. की दारू खरीदी। द्राक्षासव की शीशी में 5-6 पैग भरा। इत्र डाला, लौंग डाली, इलायची डाली। शीशी का लेबिल निकालकर उस पर लिखा : 'आत्म विस्मृति तत्त्व'। नीचे नाम लिखा : 'मुनि आत्म ज्ञानी'।'

मैंने कहा—'तुम बड़े होशियार आदमी हो।'

उसने कहा—'साब, दुनिया होशियार है। इसमें जो होशियार न हो, वह तो मार डाला जाएगा।'

मेरी जिज्ञासा बढ़ी। मैंने कहा—'फिर क्या हुआ?'

उसने कहा—'मैंने सेठ को गिलास में लगभग दो पैग डालकर दिये और कहा, परमपिता परमेश्वर का नाम लेकर इसे बिना साँस लिये पी जाइए।

दारू सुगंधित और स्वादिष्ट थी। सेठजी उसे पी गए। 15 मिनिट बाद मैंने पूछा—सेठजी, आत्मा कैसी है?

वे बोले—आत्मा आनन्द में है। मैं तो अब आत्मा में ही रह गया हूँ।

मैंने पूछा—बिजनेस का कुछ खयाल है?

वे बोले—कौन सा बिजनेस? मैं तो बिजनेस नहीं करता। मैंने उन्हें

एक पैग और दे दी। पाँच मिनिट बाद पूछा—सेठजी, क्या आप बम्बई के सेठ राधेश्याम जी हैं।

वे बोले—बम्बई में कोई सेठ राधेश्याम नहीं है। एक था पर अब वह नहीं है।

मैंने पूछा—माया-मोह का क्या हालचाल है?

जवाब दिया—न माया न मोह। हम शुद्ध आत्मा हैं।

मैंने पूछा—आपका नाम क्या है?

उन्होंने कहा—अब मैं हूँ ही नहीं तो मेरा नाम क्या होगा? मैं तो बस ईश्वर हूँ।

और वह ठीक वही हरकतें करने लगा जैसी गुरु के सामने करता था।'

टैक्सी वाला बयान कर रहा था :

सेठ बोले—'वह साला योगी हजारों रुपये खर्च करवाता है। दो-तीन घंटे कसरत करवाता है। तुमने हमें 15 मिनिट में मनुष्य से ईश्वर बना दिया। आज से तुम टैक्सी ड्राइवर नहीं, मेरे गुरु हुए। हजारों रुपयों का काम तुमने पचास रुपयों में करवा दिया।'

मैंने पूछा—'फिर क्या हुआ?'

टैक्सी ड्राइवर बोला—'फिर यह हुआ कि सेठ ने अपना बस्ता खोला और नोटों के बंडल मेरे चरणों पर रख दिये।

मैंने कहा—यह सब आप क्यों मुझे दे रहे हैं? मैं तो आपका सेवक हूँ।

सेठ ने कहा—नहीं, तुम मेरे गुरु हो। वह साला योगी गुरु हजारों रुपये लेकर भी हमारी आत्मा का हमसे साक्षात्कार नहीं करवा सकता। पर तुमने सिर्फ 50 रुपये में हमें ईश्वर बना दिया।'

कई दिनों बाद वह टैक्सी वाला मुझे मिला।

उसने दाढ़ी बढ़ा ली थी। गेरुआ वस्त्र धारण किये थे।

मैंने पूछा—'यह तुम्हें क्या हो गया? क्या टैक्सी नहीं चलाते? क्या संन्यासी हो गए हो?'

उसने कहा—'नहीं साब। आपसे क्या छिपाऊँ? अभी भी मैं टैक्सी ही चलाता हूँ—पर अब मेरी टैक्सी यहाँ से सिर्फ परमात्मा के पास जाती है। सुना है, उस गुरु का बिजनेस मेरे कारण ढीला हो गया है। देखिए साब, यह तो बिजनेस का मामला है—जहाँ तक टैक्सी जाएगी, वहाँ तक का किराया मिलेगा। उस गुरु की टैक्सी आत्मा तक जाती थी, पर मेरी टैक्सी परमात्मा तक जाती है। आखिर दूर के मुसाफिर मेरे ही पास आएँगे न। और मेरा चार्ज भी कितना कम है!'

मैंने पूछा—'अब आगे क्या प्रोग्राम है?'

उसने कहा—'साब, बिजनेस जम गया है। पर एक बार अमेरिका हो आना चाहता हूँ। अमेरिका हो आने से ईश्वर खुद ही पास सरक आता है, और ईश्वर पास सरक आए तो बिजनेस ही बिजनेस है।'

वैष्णव की फिसलन

वैष्णव करोड़पति है। भगवान विष्णु का मन्दिर। जायदाद लगी है। भगवान सूदखोरी करते हैं। ब्याज से कर्ज देते हैं। वैष्णव दो घंटे भगवान विष्णु की पूजा करते हैं, फिर गादी-तकिये वाली बैठक में आकर धर्म को धन्धे से जोड़ते हैं। धर्म धन्धे से जुड़ जाए, इसी को 'योग' कहते हैं। कर्ज लेने वाले आते हैं। विष्णु भगवान के वे मुनीम हो जाते हैं। कर्ज लेने वाले से दस्तावेज लिखवाते हैं :

'दस्तावेज लिख दी रामलाल वल्द श्यामलाल ने भगवान विष्णु वल्द नामालूम को ऐसा जो कि...'

वैष्णव बहुत दिनों से विष्णु के पिता के नाम की तलाश में है, पर वह मिल नहीं रहा। मिल जाए तो वल्दियत ठीक हो जाए।

वैष्णव के पास नम्बर दो का बहुत पैसा हो गया है। कई एजेंसियाँ ले रखी हैं। स्टॉकिस्ट हैं। जब चाहे माल दबाकर 'ब्लेक' करने लगते हैं। मगर दो घंटे विष्णु-पूजा में कभी नागा नहीं करते। सब प्रभु की कृपा से हो रहा है। उनके प्रभु भी शायद दो नम्बरी हैं। एक नम्बरी होते, तो ऐसा नहीं करने देते।

वैष्णव सोचता है—अपार नम्बर दो का पैसा इकट्ठा हो गया है।

इसका क्या किया जाए? बढ़ता ही जाता है। प्रभु की लीला है। वही आदेश देंगे कि क्या किया जाए।

वैष्णव एक दिन प्रभु की पूजा के बाद हाथ जोड़कर प्रार्थना करने लगा—प्रभु, आपके ही आशीर्वाद से मेरे पास इतना सारा दो नम्बर का धन इकट्ठा हो गया है। अब मैं इसका क्या करूँ? आप ही रास्ता बताइए। मैं इसका क्या करूँ? प्रभु, कष्ट हरो सबका!

तभी वैष्णव की शुद्ध आत्मा से आवाज उठी—अधम, माया जोड़ी है, तो माया का उपयोग भी सीख। तू एक बड़ा होटल खोल। आजकल होटल बहुत चल रहे हैं।

वैष्णव ने प्रभु का आदेश मानकर एक विशाल होटल बनवाई। बहुत अच्छे कमरे। खूबसूरत बाथरूम। नीचे लांड्री। नाई की दुकान। टैक्सियाँ। बाहर बढ़िया लॉन। ऊपर टैरेस गार्डन।

और वैष्णव ने खूब विज्ञापन करवाया।

कमरे का किराया तीस रुपया रखा।

फिर वैष्णव के सामने धर्म-संकट आया। भोजन कैसा होगा? उसने सलाहकारों से कहा—'मैं वैष्णव हूँ। शुद्ध शाकाहारी भोजन कराऊँगा। शुद्ध घी की सब्जी, फल, दाल, रायता, पापड़ वगैरह।'

बड़े होटल का नाम सुनकर बड़े लोग आने लगे। बड़ी-बड़ी कम्पनियों के एक्जीक्यूटिव, बड़े अफसर और बड़े सेठ।

वैष्णव संतुष्ट हुआ।

पर फिर वैष्णव ने देखा कि होटल में ठहरने वाले कुछ असंतुष्ट हैं।

एक दिन एक कम्पनी का एक्जीक्यूटिव बड़े तैश में वैष्णव के पास आया। कहने लगा—'इतने महँगे होटल में हम क्या यह घास-पत्ती खाने के लिए ठहरते हैं? यहाँ 'नानवेज' का इंतजाम क्यों नहीं है?'

वैष्णव ने जवाब दिया—'मैं वैष्णव हूँ। मैं गोश्त का इंतजाम अपने होटल में कैसे कर सकता हूँ?'

उस आदमी ने कहा—'वैष्णव हो, तो ढाबा खोलो। आधुनिक होटल क्यों खोलते हो? तुम्हारे यहाँ आगे कोई नहीं ठहरेगा।'

वैष्णव ने कहा—'यह धर्म-संकट की बात है। मैं प्रभु से पूछूँगा।'

उस आदमी ने कहा—'हम भी बिजनेस में हैं। हम कोई धर्मात्मा नहीं हैं—न आप, न मैं।'

वैष्णव ने कहा—'पर मुझे तो यह सब प्रभु विष्णु ने दिया है। मैं वैष्णव धर्म के प्रतिकूल कैसे जा सकता हूँ? मैं प्रभु के सामने नतमस्तक होकर उनका आदेश लूँगा।

दूसरे दिन वैष्णव साष्टांग विष्णु के सामने लेट गया। कहने लगा—प्रभु, यह होटल बैठ जाएगा। ठहरने वाले कहते हैं कि हमें वहाँ बहुत तकलीफ होती है। मैंने तो प्रभु, वैष्णव भोजन का प्रबन्ध किया है। पर वे मांस माँगते हैं। अब मैं क्या करूँ?

वैष्णव की शुद्ध आत्मा से आवाज आई—मूर्ख, गांधी जी से बड़ा वैष्णव इस युग में कौन हुआ है? गांधी का भजन है—'वैष्णव जन तो तेणे कहिये, जे पीर पराई जाणे रे।' तू इन होटल में रहने वालों की पीर क्यों नहीं जानता? उन्हें इच्छानुसार खाना नहीं मिलता। इनकी पीर तू समझ और उस पीर को दूर कर।

वैष्णव समझ गया।

उसने जल्दी ही गोश्त, मुर्गा, मछली का इंतजाम करवा दिया। होटल के ग्राहक बढ़ने लगे।

मगर एक दिन फिर वही एक्जीक्यूटिव आया।

कहने लगा—'हाँ, अब ठीक है। मांसाहार अच्छा मिलने लगा। पर एक बात है।'

वैष्णव ने पूछा—'क्या?'

उसने जवाब दिया—'गोश्त के पचने की दवाई भी तो चाहिए।'

वैष्णव ने कहा—'लवण भास्कर चूर्ण का इंतजाम करवा दूँ?'

एक्जीक्यूटिव ने माथा ठोंका।

कहने लगा—'आप कुछ नहीं समझते। मेरा मतलब है—शराब। यहाँ बार खोलिए।'

वैष्णव सन्न रह गया। शराब यहाँ कैसे पी जाएगी? मैं प्रभु के चरणामृत का प्रबन्ध तो कर सकता हूँ। पर मदिरा? हे राम!

दूसरे दिन वैष्णव ने फिर प्रभु से कहा—प्रभु, वे लोग मदिरा माँगते हैं। मैं आपका भक्त, मदिरा कैसे पिला सकता हूँ?

वैष्णव की पवित्र आत्मा से आवाज आई—मूर्ख, तू क्या होटल बिठाना चाहता है? देवता सोमरस पीते थे। वही सोमरस यह मदिरा है। इसमें तेरा वैष्णव-धर्म कहाँ भंग होता है? सामवेद में 63 श्लोक सोमरस अर्थात् मदिरा की स्तुति में हैं। तुझे धर्म की समझ है या नहीं?

वैष्णव समझ गया।

उसने होटल में 'बार' खोल दिया। अब होटल ठाठ से चलने लगा। वैष्णव खुश था।

फिर एक दिन एक आदमी आया। कहने लगा—'अब होटल ठीक है। शराब भी है। गोश्त भी है। मगर मरा हुआ गोश्त है। हमें जिन्दा गोश्त भी चाहिए।'

वैष्णव ने पूछा—'यह जिन्दा गोश्त कैसा होता है?'

उसने कहा—'कैबरे, जिसमें औरत नंगी होकर नाचती है।'

वैष्णव ने कहा—'अरे बाप रे!'

उस आदमी ने कहा—'इसमें 'अरे बाप रे' की कोई बात नहीं। सब बड़े होटलों में चलता है। यह शुरू कर दो तो कमरों का किराया बढ़ा सकते हो।'

वैष्णव ने कहा—'मैं कट्टर वैष्णव हूँ। मैं प्रभु से पूछूँगा।'

दूसरे दिन फिर वैष्णव प्रभु के चरणों में था। कहने लगा—प्रभु, वे लोग कहते हैं कि होटल में नाच भी होना चाहिए। आधा नंगा या पूरा नंगा।

वैष्णव की शुद्ध आत्मा से आवाज आई—मूर्ख, कृष्णावतार में मैंने गोपियों को नचाया था। चीर-हरण तक किया था। तुझे क्या संकोच है?

प्रभु की आज्ञा से वैष्णव ने 'कैबरे' भी चालू कर दिया।

अब कमरे भरे रहते थे—शराब, गोश्त और कैबरे।

वैष्णव बहुत खुश था। प्रभु की कृपा से होटल भरा रहता था।

कुछ दिनों बाद एक ग्राहक ने 'बेयरा' से कहा—'इधर कुछ और भी मिलता है?'

बेयरा ने पूछा—'और क्या, साब?'

ग्राहक ने कहा—'अरे यही मन बहलाने को कुछ? कोई ऊँचे किस्म का माल मिले तो लाओ।'

बेयरा ने कहा—'नहीं साब, इस होटल में यह नहीं चलता।'

ग्राहक वैष्णव के पास गया।

बोला—'इस होटल में कौन ठहरेगा? इधर रात को मन बहलाने का कोई इंतजाम नहीं है।'

वैष्णव ने कहा—'कैबरे तो है साहब।'

ग्राहक ने कहा—'कैबरे तो दूर का होता है। बिलकुल पास का चाहिए, गर्म माल, कमरे में।'

वैष्णव फिर धर्म-संकट में पड़ गया।

दूसरे दिन वैष्णव फिर प्रभु की सेवा में गया। प्रार्थना की—कृपानिधान, ग्राहक लोग नारी माँगते हैं—पाप की खान। मैं तो इस पाप की खान से जहाँ तक बनता है, दूर रहता हूँ। अब मैं क्या करूँ?

वैष्णव की शुद्ध आत्मा से आवाज आई—मूर्ख, यह तो प्रकृति और पुरुष का संयोग है। इसमें क्या पाप और क्या पुण्य? चलने दे।

वैष्णव ने बेयरों से कहा—'चुपचाप इंतजाम कर दिया करो। जरा पुलिस से बचकर, 25 फीसदी भगवान की भेंट ले लिया करो।'

अब वैष्णव का होटल खूब चलने लगा।
शराब, गोश्त, कैबरे और औरत।
वैष्णव-धर्म बराबर निभ रहा है।
इधर यह भी चल रहा है।
वैष्णव ने धर्म को धन्धे से खूब जोड़ा है।

डिवाइन ल्यूनेटिक मिशन

[यानी आध्यात्मिक पागलों का मिशन]

भारत के सामने अब एक बड़ा सवाल है—अमेरिका को अब क्या भेजे? कामशास्त्र वे पढ़ चुके, योगी भी देख चुके। संत देख चुके। साधु देख चुके। गाँजा और चरस वहाँ के लड़के पी चुके। भारतीय कोबरा देख लिया। गिर का सिंह देख लिया। जनपथ पर 'प्राचीन' मूर्तियाँ भी खरीद लीं। अध्यात्म का आयात भी अमेरिका काफी कर चुका और बदले में गेहूँ भी दे रहा है। हरे कृष्ण, हरे राम भी बहुत हो गया।

महेश योगी, बाल योगेश्वर, बाल भोगेश्वर आदि के बाद अब क्या हो? मैं देश-भक्त आदमी हूँ। मगर मैं अमेरिकी पीड़ा को भी जानता हूँ। मैं जानता हूँ, वह 'बोर' समाज का आदमी है—यानी बड़ा बोर आदमी। शेअर अपने आप डॉलर लाकर दे जाते हैं। घर में टेलीविजन है, दारू की बोतलें हैं। शाम को वह 10-15 आदमियों से 'हाउ डु यू डू' कर लेता है। पर इससे बोरियत नहीं मिटती। हनोई पर कितनी भी बम-वर्षा अमेरिका करे, उत्तेजना नहीं होती। कुछ चाहिए उसे। उसे भारत से ही चाहिए।

मुझे चिन्ता जितनी बड़ी अमेरिकी की है, उतनी ही भारतीय भाइयों की। इन्हें भी कुछ चाहिए।

अब हम भारतीय भाई वहाँ डॉलर और यहाँ रुपयों के लिए क्या ले जाएँ? रविशंकर से वे बोर हो चुके। योगी, संत वगैरह भी काफी हो चुके। अब उन्हें कुछ नया चाहिए—बोरियत खत्म करने और उत्तेजना के लिए। डॉलर देने को वे तैयार हैं।

मेरा विनम्र सुझाव है कि इस बार हम भारत से 'डिवाइन ल्यूनेटिक मिशन' ले जाएँ। ऐसा मिशन आज तक नहीं गया। यह नायाब चीज़ होगी—भारत से 'डिवाइन ल्यूनेटिक मिशन' यानी आध्यात्मिक पागलों का मिशन।

मैं जानता हूँ। ग्राम अमेरिकी कहेगा—वी हैव सीन वन। हिज़ नेम इज़ कृष्ण मेनन। (हमने एक पागल देखा है। उसका नाम कृष्ण मेनन है।) तब हमारे एजेंट कहेंगे—वह 'डिवाइन' (आध्यात्मिक) नहीं था। और पागल भी नहीं था। इस वक्त सच्चे आध्यात्मिक पागल भारत से आ रहे हैं।

मैं जानता हूँ, आध्यात्मिक मिशनें 'स्मगलिंग' करती रहती हैं। पर भारत सरकार और आम भारतीयों को यह नहीं मालूम कि लोगों को 'स्वर्ग' में भी स्मगल किया जाता है। यह अध्यात्म के डिपार्टमेंट से होता है। जिस महान् देश भारत में गुजरात के एक गाँव में एक आदमी ने पवित्र जल बाँटकर गाँव उजाड़ दिया, वह क्या अमेरिकी को स्वर्ग में 'स्मगल' नहीं कर सकता?

तस्करी सामान की भी होती है—और आध्यात्मिक तस्करी भी होती है। कोई आदमी दाढ़ी बढ़ाकर एक चेले को लेकर अमेरिका जाए और कहे—'मेरी उम्र एक हजार साल है। मैं हजार सालों से हिमालय में तपस्या कर रहा था। ईश्वर से मेरी तीन बार बातचीत हो चुकी है।' विश्वासी पर साथ ही शंकालु अमेरिकी चेले से पूछेगा—क्या तुम्हारे गुरु सच बोलते हैं? क्या इनकी उम्र सचमुच हजार साल है? तब चेला कहेगा—मैं निश्चित नहीं कह सकता क्योंकि मैं तो इनके साथ सिर्फ पाँच सौ सालों से हूँ।

यानी चेले पाँच सौ सालों के वैसे ही हो गए और अपनी अलग कम्पनी खोल सकते हैं।

तो मैं भी सोचता हूँ कि सब भारतीय माल तो अमेरिका जा चुका—कामशास्त्र, अध्यात्म, योगी, साधु वगैरह।

अब एक ही चीज हम अमेरिका भेज सकते हैं—वह है भारतीय आध्यात्मिक पागल—इंडियन डिवाइन ल्यूनेटिक। इसलिए मेरा सुझाव है कि 'इंडियन डिवाइन ल्यूनेटिक मिशन' की स्थापना जल्दी ही होनी चाहिए। यों मेरे से बड़े-बड़े लोग इस देश में हैं। पर मैं भी भारत की सेवा के लिए और बड़े अमेरिकी भाई की बोरियत कम करने के लिए कुछ सेवा करना चाहता हूँ। यों मैं जानता हूँ कि हजारों सालों से 'हरे राम हरे कृष्ण' का जय करने के बाद भी शक्कर सहकारी दुकान से न मिलकर ब्लेक से मिलती है—तो कुछ दिन इन अमेरिकियों को राम-कृष्ण का भजन करने से क्या मिल जाएगा? फिर भी सम्पन्न और पतनशील समाज के आदमी के अपने शान्ति और राहत के तरीके होते हैं—और अगर वे भारत से मिलते हैं, तो भारत का गौरव ही बढ़ता है। यों बर्ट्रेंड रसेल ने कहा है : अमेरिकी समाज वह समाज है जो बर्बरता से एकदम पतन पर पहुँच गया है—वह सभ्यता की स्टेज से गुजरा ही नहीं। एक स्टेप गोल कर गया।

मुझे रसेल से भी क्या मतलब? मैं तो नया अन्तरराष्ट्रीय धन्धा चालू करना चाहता हूँ—'डिवाइन ल्यूनेटिक मिशन'। दुनिया के पगले शुद्ध पगले होते हैं—भारत के पगले आध्यात्मिक होते हैं।

मैं 'डिवाइन ल्यूनेटिक मिशन' बनाना चाहता हूँ। इसके सदस्य वही लोग हो सकते हैं, जो पागलखाने में न रहे हों। हमें पागलखाने के बाहर के पागल चाहिए यानी वे जो सही पागल का अभिनय कर सकें। योगी का अभिनय करना आसान है। ईश्वर का अभिनय करना भी आसान है। मगर पागल का अभिनय करना बड़ा कठिन है। मैं योग्य लोगों की तलाश में हूँ। दो-एक प्रोफेसर मित्र मेरी नजर में हैं—जिनसे मैं मिशन में शामिल होने की अपील कर रहा हूँ।

मिशन बनेगा और जरूर बनेगा। अमेरिका में हमारी एजेंसी प्रचार

करेगी—सी रीयल इंडियन डिवाइन ल्यूनेटिक्स (सच्चे भारतीय आध्यात्मिक पागलों को देखो।) हम लोगों के न्यूयॉर्क हवाई अड्डे पर उतरने की खबर अखबारों में छपेगी। टेलीविजन तैयार रहेगा।

मिसेज राबर्ट, मिसेज सिम्पसन से पूछेगी—तुमने क्या सच्चा आध्यात्मिक भारतीय पागल देखा है?

मिसेज सिम्पसन कहेगी—नो, इज देअर वन इन दिस कंट्री 'अंडर गॉड'?

मिसेज राबर्ट कहेगी—हाँ, कल ही भारतीय आध्यात्मिक पागलों का एक मिशन न्यूयॉर्क आ रहा है। चलो, हम लोग देखेंगे। इट विल बी ए रीअल स्पिरिचुअल एक्सपीरियंस। (वह एक विरल आध्यात्मिक अनुभव होगा)।

न्यूयॉर्क हवाई अड्डे पर हमारे भारतीय पागल आध्यात्मिक मिशन के दर्शन के लिए हजारों स्त्री-पुरुष होंगे—उन्हें जीवन की रोज की बोरियत से राहत मिलेगी। हमारा स्वागत होगा। मालाएँ पहनाई जाएँगी। हमारे ठहराने का बढ़िया इंतजाम होगा।

और तब हम लोग पागल अध्यात्म का प्रोग्राम देंगे। हर गैर पागल पहले से शिक्षित होगा कि वह सच्चे पागल की तरह कैसे नाटक करे।

प्रवेश-फीस 50 डॉलर होगी और हजारों अमेरिकी डॉलर खर्च करके 'इंडियन डिवाइन ल्यूनेटिक्स' के दर्शन करने आएँगे।

हमारा धन्धा खूब चलेगा। मैं मिशन का अध्यक्ष होने के नाते भाषण दूँगा—'वी आर रिअल इंडियन डिवाइन ल्यूनेटिक्स। अवर ऋषीज एंड मुनीज थाउसेंड ईअर्स एगो सेड दैट दि वे टु रिअल इंटरनल पीस एंड साल्वेजन लाइज थ्रू ल्यूनेसी।' (हम लोग भारतीय आध्यात्मिक पागल हैं। हमारे ऋषि-मुनियों ने हजारों साल पहले कहा था कि आन्तरिक शान्ति और मुक्ति पागलपन से आती है।)

इसके बाद मेरे साथी तरह-तरह के पागलपन के करतब करेंगे और डॉलर बरसेंगे।

जिन लोगों को इस मिशन में शामिल होना है, वे मुझसे सम्पर्क करें। शर्त यह है कि वे वास्तविक पागल नहीं होना चाहिए। वास्तविक पागलों को इस मिशन में शामिल नहीं किया जाएगा—जैसे सच्चे साधुओं को साधुओं की जमात में शामिल नहीं किया जाता।

अमेरिका से लौटने पर, दिल्ली में रामलीला ग्राउंड या लाल किले के मैदान में हमारा शानदार स्वागत होगा। मैं कोशिश करूँगा कि प्रधानमंत्री इसका उद्‌घाटन करें।

वे समय न निकाल सकीं तो कई राजनीतिक वनवास में तपस्या करते नेता हमें मिल जाएँगे।

दिल्ली के 'स्मगलर' हमारा पूरा साथ देंगे।

कस्टम और एनफोर्स महकमे से भी हमारी बातचीत चल रही है। आशा है, वे भी अध्यात्म में सहयोग देंगे।

स्वागत समारोह में कहा जाएगा : यह भारतीय अध्यात्म की एक और विजय है, जब हमारे आध्यात्मिक पगले विश्व को शान्ति और मोक्ष का सन्देश देकर आ रहे हैं। आशा है, आध्यात्मिक पागलपन की यह परम्परा देश में हमेशा विकसित होती रहेगी।

'डिवाइन ल्यूनेटिक मिशन' को जरूर अमेरिका जाना चाहिए। जब हमारे और उनके राजनीतिक सम्बन्ध सुधर रहे हैं तो पागलों का मिशन जाना बहुत जरूरी है।

ज्वाला और जल

[उपन्यासिका]

[पहली बार 'अमृत पत्रिका' के दीपावली विशेषांक में प्रकाशित]

अब्दुल...नहीं, नहीं...विनोद...!

लेकिन विनोद भी कैसे? न अब्दुल, न विनोद—उसे न अब्दुल नाम से याद कर सकता हूँ न विनोद से। हाँ, यह है कि वह अब्दुल था, पर उतना ही सही यह भी है कि वह विनोद भी था। लेकिन न वह केवल अब्दुल था, न विनोद। ब्रह्मा के तीन मुख और शंकर के पाँच मुखों की कल्पना इसीलिए की गई मालूम होती है कि एक ही व्यक्ति में एक से अधिक व्यक्तित्व समाए रहते हैं। वह कभी उनमें से एक होता है, कभी दूसरा। जिस आदमी की कहानी कह रहा हूँ, उसकी प्रतिमा अगर बने तो उसके दो मुख हों—अब्दुल और विनोद। गर्दन ऐंठकर चलनेवाला, बात ही बात में तमाचा जड़ देनेवाला, उद्धत, झगड़ैल, गुंडा—अब्दुल। और सन्ताप से त्रस्त, पीड़ा से क्षत-विक्षत, ग्लानि से गलित, टूटा हुआ, भू-नत—विनोद।

उसकी कल्पना ही विरोधों की कल्पना है।

बहुत योग किये जिन्दगी की राह पर। कई साथ चले; कई हाथ में हाथ डाल साथ चल रहे हैं। कई ऐसे भी, जो अचानक किसी पगडंडी से आ मिले और फिर न जाने कब किसी पगडंडी से चुपचाप चल दिये। मैं पुकारूँ तब तक वे किसी झुरमुट में विलीन! हम थोड़ी देर आवाज लगाकर,

आसपास निगाह डाल चल देते हैं—हमें तो खो जाना नहीं है, हमें तो राजमार्ग छोड़ना नहीं है। पर कुछ ऐसे होते हैं, राजमार्ग की चिकनाहट जिनके पाँवों को पसन्द नहीं होती। वे ऊबड़-खाबड़ में भटकते हैं, घायल होते हैं, गिरते हैं, लहूलुहान होते हैं और राह पर रक्त के अंक उछालते चलते हैं।

वह इसी तरह एकाएक किसी पगडंडी से आकर मिल गया था। कुछ दूर साथ चला और फिर खिसक गया। मैं तो उसी असंख्य पैरों से कुचले, घिसे-पिटे चिकने राजमार्ग पर चल रहा हूँ। वकालत पहले करता था, अब भी करता हूँ। पहले तीन बच्चे थे, अब पाँच हैं। हर साल दीवाली पर घर की पुताई कराता था, अब भी कराता हूँ। हर साल पितरों का श्राद्ध करता था, अब भी करता हूँ। वही मकान, वही मुहल्ला, वही शहर; वे ही रास्ते। घर, कचहरी, क्लब! चोरी, जालसाजी, मारपीट, लेन-देन, बेदखली, कुर्की, वही मुकदमे।

वह साथ था, तो जिन्दगी में एक अजब तनाव था; अब सब ओर शैथिल्य। उसे मित्र ही कहा जा सकता है, यद्यपि पहले उससे मुझे घृणा ही हुई थी; फिर उससे भय भी लगा; फिर वह मेरा छोटा भाई हो गया और अन्त में एक शिशु की तरह उसने अपने जीवन को मेरे सुपुर्द कर दिया।

मन में एक चमक छोड़ कर वह चला गया। अनेक की भीड़ में वह एक मुझे अभी याद है।

बहुत पहले की बात है। एक दिन शाम को मैं, माँ और पत्नी को लेकर सिनेमा गया था। याद नहीं, कौन-सी 'फिल्म' थी। 'सपरिवार देखने योग्य'—का मार्का लगाए कोई फिल्म रही होगी, तभी माँ और पत्नी, दोनों गई थीं। मैं मजबूरी में गया था। 'सपरिवार देखने योग्य' फिल्म के रूप में जिसका प्रचार किया जाए, उस फिल्म को, और 'सपरिवार के पढ़ने योग्य' लेबिल कवर पर धारण कर रही पत्रिका को, मैं कभी पसन्द नहीं करता। उस फिल्म में वही होगा—सुन्दरी की मोटर से नायक का घायल होना और फिर प्रेम हो जाना। यह सफेद झूठ। पन्द्रह-बीस सालों से तो मैं खुद

भीड़ भरी सड़कों पर सुन्दरियों की सभी सवारियों को कुचलने का आमंत्रण देता काफी बदहवास हो चुका हूँ। पर मोटर तो क्या, किसी रिक्शे से भी यह अकिंचन नहीं टकराया। और पारिवारिक पत्रिका में 'प्याज का हलवा' बनाने की विधि लिखी होगी, जो मेरी पत्नी को सम्पादक और लेखिका से कहीं अधिक अच्छी आती है।

खैर, फिल्म कोई भी रही हो, मुसीबत वही थी—टिकिट मिलने की अड़चन। नया चित्र और पहला शो। अपार भीड़। टिकिट घरों की खिड़कियाँ तक तो दिखती नहीं थीं; टिकिट कहाँ से लेता। थर्ड क्लास बन्द था, सेकिंड क्लास का पता नहीं था; फर्स्ट और स्पेशल के सामने भी धक्का-मुक्की हो रही थी। बालकनी के लायक पैसे मेरे पास नहीं थे। मैं फर्स्ट या स्पेशल क्लास का इन्तजाम करके चला था।

सिनेमा की टिकिट खरीदना एक अलग किस्म का शौर्य है। सिकन्दर ने भले ही दिग्विजय की हो, मगर हमारे किसी टाकीज में वह टिकिट नहीं खरीद सकता।

मैं दूर खड़ा था। तैरना न जानने वाला जिस तरह किनारे पर खड़े-खड़े तरंगों की अठखेलियाँ देखता रहता है। मेरे जैसे कई लोग वहाँ खड़े थे—हम लोगों में से कई उसी तरह तरंगों को देखते जिन्दगी गुजार देते हैं। कूद पड़ने की हिम्मत नहीं, इसलिए कूद पड़ने को हम गँवारी और हल्कापन कहकर मुँह बिचकाते रहते हैं।

संसार का सबसे कठिन काम उस समय मुझे टिकिट खरीदना लग रहा था। अगर जनक सीता का स्वयंवर इस जमाने में करते तो शिव के धनुष को उठाने के बदले वे यही घोषणा करते कि जो पहले शो की पाँच टिकिट खरीदकर ले आएगा, उससे विवाह कर देंगे।

कुछ लड़के उस भीड़ में घुसकर इकट्ठे टिकिट खरीद लाते और हम जैसों को दुगनी कीमत पर बेचते। लोग उसी दाम पर खरीदकर जा भी रहे थे।

मैंने पत्नी से कहा—'चलो, लौट चलें। फिर कभी देखेंगे। अभी तो महीनों चलेगा।'

पत्नी ने बड़े अनमने भाव से गर्दन हिलाई। माँ तो कुछ बोली ही नहीं।

उन लोगों का निराश होना स्वाभाविक था। बड़ी दूर रहने के कारण हम लोग बहुत कम आ पाते थे। ताँगा किराया ही तीन रुपये लग जाता था। आज माँ और पत्नी बड़ी हविस से आई थीं। दोपहर से ही खाना बनने लगा था, शाम तक सब काम निबट गया था। अड़ोस-पड़ोस में खबर फैल गई थी या फैला दी गई थी कि आज वर्मा जी का सारा परिवार सिनेमा जा रहा है। अब लौटतीं तो मुहल्ले की स्त्रियाँ क्या कहतीं? कल किसी ने पूछ ही लिया कि कैसी फिल्म थी, तो क्या जवाब देंगी?

मैंने लौटने की बात दुहराई तो माँ ने कहा—'अरे बेटा, अब न जाने कब आना होता है। कोई तेरी पहिचान का यहाँ नहीं है?'

मैंने कहा—'भीतर अगर जाता तो पहिचानवाले बहुत मिल जाते। पर भीड़ इतनी है कि पहिचानवाले भी इसी मुसीबत में होंगे।'

इसी समय एक बीस-बाईस साल का अच्छा तगड़ा लड़का वहाँ से चिल्लाता हुआ निकला—'सिर्फ तीन बची हैं—स्पेशल क्लास! सवा रुपये की दो रुपये में!'

मैंने उससे कहा—'ए भाई, दो रुपया तो बहुत होता है। डेढ़-डेढ़ लेना हो तो तीनों दे जाओ।'

वह बोला—'बाबूजी, जान हथेली पर रखकर जाना पड़ता है। चपेट में आ गए, कि मरे! डेढ़ में तो सुबह तक नहीं मिलेगी। थोड़ी देर बाद ढाई होंगे।'

माँ को इतनी दूर आकर लौटना ज्यादा अखर रहा था। पर उन्हें मेरी जेब का कोई अन्दाज भी नहीं था। वे बोल उठीं—'बेटा, तू तो ले ले। इतनी दूर से आए हैं। अब लौटना अच्छा नहीं।'

मैंने स्पष्ट बात कह दी—'पैसे लाया हूँ हिसाब के। फिर ताँगे में कम पड़ेंगे।'

माँ ने कहा—'अरे, तो धीरे-धीरे घूमते हुए पैदल ही निकल चलेंगे। ठंडी तो रात है। है ही कितनी दूर?'

वह लड़का माँ की बात बड़े ध्यान से सुन रहा था। माँ की अन्तिम लाचारी की बात सुनकर वह बोला—'अच्छा, अच्छा अम्मा, देख लो। जो देना हो, दे देना! काहे को लौटती हो!'

मैंने हिसाब लगाकर कहा—'भई, डेढ़ से ज्यादा न देंगे।'

वह बोला—'अरे मुझे नहीं चाहिए डेढ़-वेढ़। तीन टिकटों में नहीं कमाया तो क्या हुआ! लाओ तीन टिकटों के पौने चार। हाँ, हटाओ; एक धन्धा बिना मुनाफे का ही सही।'

टिकट खरीदे। माँ ने प्रसन्नता से उसे आशीर्वाद भी दे दिया—'बेटा, तेरी बड़ी उमर हो।'

इंटरवल में वह चाय बेचता हम लोगों की तरफ आया। हमारे पास आकर बोला—'बाबूजी, कुछ चाय-वाय?' सिनेमा की रद्दी चाय पीने की किसी की इच्छा नहीं थी। मैंने मना कर दिया और सहज ही पूछा—'तुम यहाँ चाय भी बेचते हो?'

वह बोला—'नहीं जी, मेरा एक दोस्त बेचता है। आज वह बीमार है, तो मैं उसका काम कर देता हूँ। दोस्त के काम न आए, तो दोस्ती कैसी?'

वह आगे बढ़ गया।

पत्नी ने कहा—'इस लड़के को कुछ दे दो।'

मैंने हाथ में एक रुपया लिया और उसे पुकारा। वह पास आकर बोला—'कितने कप बाबू?'

मैंने कहा—'नहीं, चाय नहीं चाहिए; रखो।' मैंने रुपया उसकी ओर बढ़ाया।

'क्यों?' उसने पूछा।

'यों ही।' मैंने कहा।

वह बड़ी बेरुखी से बोला—'वाह, खैरात बाँटते हो क्या, बाबू साहब?

मैं कोई भिखमंगा हूँ क्या? ऐसे रईस मैंने बहुत देखे हैं। अपना रुपया रख लो। मैंने उन माँ जी की परेशानी देखकर टिकटें दी थीं। आप मेरे ऊपर एकदम अहसान ही करने लगे!'

आहत-सम्मान, मैं सहमकर रह गया। बड़ी बदतमीजी से बात की उसने। पर परिवार—विशेष कर स्त्रियों के साथ बैठा आदमी हर एक की सुन लेगा।

पत्नी ने कहा—'जाने दो। बड़ा गँवार है।'

लड़का घूमता हुआ बढ़ रहा था। एकाएक वह मुड़ा और पास आकर बड़ी नरमी से बोला—'बाबूजी, माफ करना। मेरी आदत जरा साफ बात करने की है। मुझे आपसे कुछ नहीं चाहिए। थोड़ी खिदमत मैंने ही माँ की कर दी, तो क्या हुआ। जैसी आपकी माँ, वैसी मेरी माँ।'

पानवाले लड़के को उसने पुकारा—'ए लच्छू, इधर आ बे! तीन पान दे इधर। पैसे मुझसे बाहर ले लेना।'

पान हमने ले लिये और वह चाय की आवाज लगाता चला गया।

बीस-बाईस साल का तगड़ा तरुण था वह। अच्छा कद्‌दावर और पुष्ट—सुगठित। नाक-नक्शा अच्छा सुडौल। जबान और चाल, दोनों में ऐंठ। चेहरे पर बड़ी बेपरवाही और ढीठपन। बड़े मद से चलता था। बातचीत में बड़ी हेकड़ी मालूम होती थी। कभी-कभी वह मुझे सड़क पर मिल जाता, तो सलाम करके पूछता—'बाबू साहब मजे में हैं? और अम्मा?...'

अजब वेश-भूषा में अजब स्थानों में वह मिल जाता। कभी साफ कुरता-पाजामा पहने मिल जाता; कभी पतलून-कोट; कभी मैली बनियाइन पहने ही घूमता दिखता और कभी मलमल के महीन कुरते के नीचे काली बनियाइन पहने और तेल से तर बालों पर हरा या पीला रूमाल बाँधे—बिलकुल शोहदा! मुझे देखते ही दुआ-सलाम जरूर करता और वह दो सवाल पूछता। कभी-कभी मैं सहम भी जाता।

शरीफ दोस्तों से बातें कर रहा हूँ और इतने में वह हरा रूमाल लपेटे आ गया। बड़ी आत्मीयता से हालचाल पूछने लगा। उसके चले जाने पर दोस्त पूछते—'इसे कब से जानते हो?' उनका मतलब यह होता कि इसे जानना मेरे लिए कलंक की बात है।

हमने यह तय कर रखा है कि हम किसे जानें और किसे नहीं जानें। मुझे मित्रों का इस तरह पूछना भी अच्छा नहीं लगता था। घूस के धन से बेटे के नाम से दुकान खोलकर, एक-दो साल जेल काट आनेवाले सफेदपोश के पास खड़ा होता, तो कोई नहीं पूछता कि इसे कब से जानते हो। मगर मलमल के कुरते के भीतर से झाँकती काली बनियाइन! और इन तर बालों पर यह हरा रूमाल! इससे जान-पहचान रखने में भी बदनामी है।

पतलून के भीतर नंगे हम सब, किसी का पाजामा जरा खिसका देख किस कदर हँसते हैं।

मैंने उससे जानबूझकर पहचान नहीं बढ़ाई। परिवार वाला आदमी था। हमें एक निश्चित दायरे में घूमना पड़ता है। पर उस लड़के की निर्भयता और अलमस्ती मेरी 'रोमांटिक' कल्पना को बड़ी भाती थी। मैंने भी कुछ समय इसी स्वच्छन्दता से गुजारा था। बचपन से अखाड़े जाने लगा था। कुश्ती का बड़ा शौक था। शक्ति के साथ शक्ति की आजमाइश की भावना भी आई थी और मैं झगड़ा-फसाद, मारपीट में अक्सर शामिल रहता। लॉ कालेज से एक बार मार-पीट के कारण निकाला भी गया था। फिर गृहस्थी हो गई। इस शहर में वकालत आरम्भ कर दी। वकालत के पेशे में भी मैंने अपने डील-डौल का समुचित उपयोग किया था। गवाह के कठघरे पर बाँह रखकर, मैं आँखें निकालकर, कर्कश स्वर में, गवाह के सिर पर से दहाड़ता, तो वह बेचारा घबड़ा जाता। फौजदारी मुकदमों के लिए मैं अच्छा वकील माना जाता था। पर अब धीरे-धीरे स्वभाव समतल होता जाता था। अब मुझे देखकर कोई यह नहीं कह सकता कि मैंने कभी गुंडागीरी भी की होगी। फिर भी ऐसे किसी युवक को देखता, तो मेरा मन छटपटा उठता था।

एक दिन लगभग आधी रात को किसी ने मेरे द्वार की साँकल खटखटाई। दरवाजा खोला, तो सामने उसी युवक को खड़ा पाया। उसके चेहरे पर बड़ी कठोरता थी। कपाल की नसें उभरी हुई थीं और मुट्ठियाँ कसी हुईं। बड़ी बदहवास स्थिति में था वह। मैं देखकर जरा सहम गया।

इस तरह सहमना भी हमारा एक गहरा संस्कार है। हम लोग आशंका से घिरे रहते हैं। कोई हमारे घर की ओर देखता है तो हम समझते हैं कि इसका इरादा चोरी करने को है। कोई अनायास हमसे पहचान निकाल ले तो हम समझते हैं कि कुछ माँगना चाहता है। हमारे बच्चे को कोई प्यार से पुचकारे तो हम डरते हैं कि कहीं जादू-टोना न कर दे। आसपास आशंका और सन्देह के कँटीले तारों की बाड़ी लगाकर, हम उसमें बाल-बच्चों को लेकर दुबके बैठे रहते हैं। आधी रात को कोई द्वार खटखटाए तो हम उसके इरादे पर शक करने लगते हैं। मुझे आशंका हुई कि यह तंग करके कुछ लेने आया है। मेरी निगाह उसके कुरते के छोर पर पड़ी। वहाँ ताजा खून के धब्बे थे। मेरा कानून-भीरु मन चिन्तित हुआ।

मैंने पूछा—'क्यों? क्या बात है?'

उसने कहा—'मुझे दस रुपये चाहिए।'

कुछ इस अधिकार से बोला, जैसे कोई सेठ अपने मुनीम से तिजोड़ी से रुपये निकालकर देने को कहता हो।

मैंने कहा—'इतनी रात को रुपयों की क्या जरूरत है?'

वह बोला—'जरूरत है, तभी तो आया। पुलिसवाले को देना है।'

'क्यों?'

'इसलिए कि मैंने एक आदमी का सिर फोड़ दिया। उसे दस रुपये नहीं सुँघाऊँगा, तो वह साला मुझे कोतवाली ले जाएगा। चोट तो मामूली है, पर मेरे कुरते पर दाग तो पड़ गए हैं।'

'तुमने उसे क्यों मारा?'

मेरी बातचीत के सिलसिले से वह ताड़ गया होगा कि मैं रुपये दे

दूँगा। इसलिए धीरज से बतलाने लगा—'वह मेरा दोस्त ही है। मिल में काम करता है। साले को शराब पीने की लत लग गई है। खैर, भाई पी—तेरा पैसा है। तू चाहे जहर पी। पर कमबख्त रात को आकर औरत को पीटता है। उस बेचारी ने क्या बिगाड़ा है? इस हरामखोर को सबेरे धुँधलके में खाना पकाकर देती है, रात को खाना बनाकर बैठी रहती है। और यह बदमाश पीकर आता है और बेचारी को पीटता है। मैंने बहुत समझाया, पर वह नहीं माना तो आज मैंने उसे मारा। अब बेटा कभी नहीं गड़बड़ करेगा। इतने में एक पुलिसवाला आ गया और मुझे कोतवाली ले जाने लगा। मैं समझ गया कि कुत्ते को रोटी चाहिए। मैं जानता हूँ इन्हें। एक टुकड़ा फेंक दो, तो दुम हिलाने लगते हैं। मैं उसे बैठने को कह आया हूँ। जल्दी रुपया दीजिए।'

मैंने गौर से उसकी ओर देखा। उसके कान के पास से खून बह रहा था। मैंने कहा—'तुम्हारे कान के पास भी तो चोट लगी है।'

वह हँसकर बोला—'यह तो उसी औरत ने नाखून से नोच दिया है। तो उसी के लिए लड़ा और उसने मुझे ही नोच दिया। ये औरत जात भी बड़ी अजीब होती है।'

'पर तुम दूसरे के मामले में दखल क्यों देते हो?' मैंने पूछा।

वह बड़ी व्यंग्यपूर्ण हँसी हँसा। कहने लगा—'वाह, बाबू साहब, आप भी क्या बात करते हैं! कोई आदमी बेकसूर अपनी औरत को पीटे, तो आप दूसरे का मामला समझकर पीठ फेर लेंगे? आप फेर सकते हैं, क्योंकि आप शरीफ हैं। शराफत और दब्बूपन में कोई खास फर्क नहीं है। मैं तो बर्दाश्त नहीं कर सकता। खैर, लाइए दस रुपये, दीजिए। परसों लौटा दूँगा।'

मैं वैसा ही खड़ा रहा। मेरे संकोच को वह ताड़ गया। बोला—'वायदा करता हूँ कि परसों वापस कर जाऊँगा। रुपये आपके पास हैं, और मुझे चाहिए। मैं आपसे अर्ज कर रहा हूँ। वरना पैसे लेने के दूसरे तरीके भी मेरे पास हैं।' उसकी भौंहें तन गईं। मैं समझ गया कि किन तरीकों की ओर उसका संकेत है।

मैंने जरा रोष से कहा—'उन तरीकों से तो तुम मुझसे नहीं ले सकते। मैं तुम्हें उठाकर अभी नाली में फेंक दूँगा। पर मैं रुपये तुम्हें देता हूँ। वापस करने की जरूरत नहीं है।' वह मेरी ओर चकित दृष्टि से देखने लगा। मेरे हाथ-पैरों को बड़े गौर से देखने लगा, कि मेरी धमकी में कुछ दम भी है या नहीं। उसकी आँखों में फिर बड़ी प्रशंसा का भाव आया। मैंने भीतर से दस का नोट लाकर उसके हाथ पर रख दिया। वह प्रसन्नता से बोला—'बड़ी मेहरबानी है। परसों शाम को वापस कर जाऊँगा। मेरे पास वक्त नहीं है; वरना नाली में फेंकने की बात का फैसला अभी हो जाता। अच्छा, फिर किसी दिन।'

वह फुर्ती से मुड़ा और चल दिया।

आम गुंडों से वह भिन्न लगा। उसकी बातों में बड़ी समझदारी थी। जब उसने कहा कि परसों पैसे लौटा जाऊँगा, तब ऐसा स्पष्ट अनुभव हुआ कि वह सच बोल रहा है। दस रुपये जाने का मुझे विशेष दु:ख नहीं था। चिन्ता यही थी कि वह बार-बार आकर माँग पेश न करने लगे।

सुबह मैंने माँ से कहा—'वह तुम्हारा सिनेमा वाला पुत्र रात को मुझसे दस रुपये ले गया।'

'कौन?' माँ ने पूछा।

'वही, जिसने उस दिन टिकिट दिये थे। याद नहीं आया क्या? वह तो तुम्हारा बड़ा गुणगान करता था।'

'अच्छा, वह लड़का? तूने क्यों दिये?'

'वह बात ही ऐसी करता था कि तुम भी मना नहीं करतीं। वह कल लौटा जाएगा।'

तीसरे दिन शाम को वह आया। दस का नोट देते हुए बोला—'यह लीजिए। आपने परसों मुझे बचा लिया। आपका अहसान कभी नहीं भूलूँगा।'

मैं कुछ कहने की रस्म अदा करूँ, इसके पहले ही वह बोल

उठा—'कोई काम हो तो बतलाइए। फौरन करूँगा।'

उसके नेत्रों में बड़ी कुटिलता और शरारत आ गई। मैंने पूछा—'क्या काम कर सकते हो तुम?'

वह बेझिझक बोला—'मुझे एक-दो काम तो आते ही हैं—जैसे सिनेमा में टिकिट खरीदना, और बीच बाजार किसी को भी जूते मार देना। यह दूसरा काम बहुत कम लोगों को आता है। अगर ज्यादा लोगों को आने लगे, तो दुनिया की हालत सुधर जाए। अगर किसी को पिटवाना हो, तो मुझे इशारा कर देना, मैं उसकी मरम्मत कर दूँगा।'

मैंने कहा—'मुझे तुम्हारी ऐसी मदद की जरूरत नहीं है।'

'क्यों? क्या आपका कोई दुश्मन नहीं है?'

'नहीं।'

वह खिलखिलाकर हँस पड़ा। बोला—'तब तो आप बिलकुल बेकार आदमी हैं। जिसका दुश्मन न हो, वह भी कोई आदमी है? भगवान तक के तो दुश्मन होते हैं। शैतान ही खुदा का दुश्मन था। और आप कहते हैं कि आपका कोई दुश्मन ही नहीं है।'

मैंने कहा—'मैं कोई ऐसा काम ही नहीं करता कि कोई मेरा दुश्मन हो।'

वह अजब तर्क करने लगा—'यानी आप भले आदमी हैं। तब तो आपके दुश्मन जरूर होना चाहिए। दूसरे लोग इसलिए आपसे नाराज होंगे कि आप अच्छे काम करते हैं। बहुत लोगों की निगाह में यह भी कुसूर होता है। गांधीजी तो बड़े अच्छे थे। मगर, वे दुश्मन की गोली से मारे गए। और बड़े-बड़े बदमाश मामूली मौत मरते हैं, बीमारी से। बताइए, किसके दुश्मन ज्यादा हुए—गांधीजी के या बदमाश के? आपके दुश्मन जरूर होंगे।'

मैंने बात को टाला—'होने दो। मैं उनकी परवाह नहीं करता। मुझे किसी का बुरा नहीं करना।'

इस बात पर वह बड़े जोर से हँसा। कहने लगा—'यानी आप माफ कर देते हैं। वह तो झूठमूठ आपको परेशान करता है और आप खुलकर

बदला नहीं लेते। इसलिए कि आप शरीफ हैं। आप लोग...कमजोर हैं और ऊपर से यह दिखाते हैं कि आप दुश्मनों को माफ कर देते हैं। मगर आपकी दुश्मनी जिन्दगी भर रहती है। आप जिन्दगी भर उस आदमी से नफरत करते रहते हैं। हमारी बात दूसरी है। हम उसी वक्त दो हाथ लगाकर मामला खत्म कर देते हैं। फिर साथ बैठकर बीड़ी पीने लगते हैं। आप अपने दिल के खाते में नफरत को लिख लेते हैं, उस आदमी के नाम वह हिसाब सूद-दर-सूद बढ़ता जाता है। कभी उसे दाँव-पेच से धूल में मिलाने की कोशिश करते हैं। पर हम हैं कि फौरन ले-देकर हिसाब चुकता कर लेते हैं।'

बुद्धि उसकी बड़ी तीव्र मालूम हुई। इस छोटी उम्र में भी उसने जिन्दगी काफी देखी थी। बिना अनुभव के कोई ऐसी पते की बातें नहीं कर सकता। सच्चाई की पकड़ भी उसमें थी। उसकी बातचीत, चाल-ढाल और अंग-संचालन में कुछ ऐसा आत्म-विश्वास और सत्ता का भाव था, मानो वह सबको बहुत हीन समझता है और सब पर राज करने का उसे हक मिला है। जो चीज उसे चाहिए, उसे झपट लेना अपना अधिकार समझता है।

मैंने पूछा—'तुम्हारा नाम क्या है?'

एक खटके के साथ उसने जवाब दिया—'अब्दुल गफूर।'

'कहाँ के रहनेवाले हो?'

'यह तो मैं खुद ही भूल जाना चाहता हूँ। आप क्या करेंगे जानकर?'

'यहाँ कहाँ रहते हो?'

'कोई ठिकाना नहीं।'

'काम क्या करते हो?'

'काम तो बहुतेरे करता हूँ। उस दिन आपको टिकिट बेचते मिल गया था। पैसे लेकर पीट भी देता हूँ। इस काम में भी सिर्फ इज्जत को नुकसान पहुँचाता हूँ, शरीर को नहीं। ज्यादा चोट किसी को नहीं लगी आज तक।'

'यह तो बहुत गलत है। जिसने तुम्हारा कुछ नहीं बिगाड़ा, उसे तुम बेसबब मारते हो!'

'सही और गलत का फैसला तो आप ही करें—आप वकील हैं। इस दुनिया में गलत काम कौन नहीं करता? एक आदमी आपके पास चोरी करके आता है और आपको फीस देता है तो आप उसे ईमानदार साबित करने के लिए अपनी सारी अकल लगा देते हैं। हम सभी एक जैसे हैं। मेरी बात खुल गई है, आपकी मुँदी है, इसलिए मैं बुरा और आप अच्छे। कुल इतना तो फर्क है, अच्छे और बुरे में—खुले और मुँदे का। वैसे आप 100 रुपये देनेवाले को बचाते हैं और 50 रुपये वाले की परवाह नहीं करते, वैसे ही मैं भी जो ज्यादा पैसा दें, उसकी ओर से पीट देता हूँ। फर्ज कीजिए—एक ने 26 रुपये दिये; और जिसे पीटना है, उसने 50 रुपये दे दिये, तो मैं उस 26 रुपये वाले को ही पीट दूँगा, पर रुपये वापस कर दूँगा। अपना कोई दुश्मन नहीं है; अपन तो मजदूर हैं।'

यह सब वह बड़े निःसंकोच भाव से कह रहा था, जैसे बच्चा अपने खेल के बारे में कहता हो। उसे न भय था, न संकोच।

जरा रुककर बोला—'जैसे कभी-कभी आप लोग दान कर देते हैं, वैसे ही मैं भी कभी मुफ्त में काम कर देता हूँ। उस दिन शराबी दोस्त को मैंने बिलकुल 'फ्री' में पीट दिया, उसकी औरत की तरफ से। ऊपर से 10 रुपये मेरे ही लग गए।' वह हँसने लगा।

उसकी बातें बड़ी दिलचस्प थीं। यह सब बड़े सहज ढंग से वह बतला रहा था। तनिक भी अपराध या हीनता की भावना उसमें नहीं थी। उसका मन बड़ा मुक्त और अकुंठ लगा।

मैंने पूछा—'इससे तुम्हारी गुजर मजे में हो जाती है?'

वह बोला—'यह तो फुटकर धन्धा हुआ। थोक व्यापार भी करता हूँ। किसी मोटी जेब वाले को अँधेरे-उजेले पकड़ लेता हूँ। दबाता गर्दन हूँ और रुपया जेब से उगलता है। या कभी किसी को ऊँचे-नीचे में पकड़ लिया। हाल ही में सदर बाजार के हार्डवेयर मर्चेंट सेठ रामदास को मैंने पकड़ा। पहाड़ी के पास एक बँगले में राग-रंग करने जाता था, किसी को

लेकर। एक दिन मैंने बाहर निकलते ही पकड़ लिया। मैंने कहा—'सेठ, इंटरटेनमेंट टैक्स तो देते जाओ।' सौ-सौ के दो नोट हाथ में आ गए। ये भी लुटेरे, मैं भी लुटेरा। ये सरे बाजार लूटते हैं, मैं अकेले में। लुटेरे को लूटने में कोई गुनाह नहीं है।'

मैंने पूछा—'जेल कितनी बार गए?'

'एक बार भी नहीं। हर बार साफ बच गया। आप तो खुद वकील हैं, सब जानते हैं। अगर खर्च करने को पैसा है, तो आदमी कुछ भी कर सकता है। अव्वल तो पुलिस पकड़ेगी नहीं, पैसा जो दे दिया जाएगा। आगे चलकर तो हम लोग पुलिस की लारियों में, पुलिस की निगरानी में लूट करने जाया करेंगे। अगर पुलिस ने पकड़ ही लिया तो सरकारी वकील को पैसे देकर मामला कमजोर करवा दिया। अगर मामला अदालत में चला ही गया, तो होशियार वकील काले को सफेद साबित कर देगा। वहाँ भी अगर नाकामयाब रहे तो वकील खुद मजिस्ट्रेट को घूस दिला देगा।...आप चौंकिये मत। आप सब जानते हैं। चौंकते इसलिए हैं कि मुझे ये बातें मालूम हो गई हैं। मैं आपसे सच कहता हूँ, बहुत-से मजिस्ट्रेट तक घूस लेते हैं। वकील लोग दिलाते हैं। दो हजार में हत्या हो सकती है, सिर्फ तीन सौ में किसी का भी सिर फोड़ा जा सकता है, कुछ दिनों में आप लोग अपने 'साइन बोर्ड' में ऐसा लिखोगे—'हत्या के एक्सपर्ट वकील—सिर्फ दो हजार में बेदाग कत्ल करा देने की गारंटी'। जिसे किसी की जान लेनी होगी, वह वकील साहब के पास दो हजार जमा करेगा। वकील उसे हिदायत देंगे। पाँच सौ पुलिस को देंगे, पाँच सौ अपनी फीस रखेंगे और एक हजार मजिस्ट्रेट को देंगे। आदमी की जान की कीमत दो हजार सिर्फ! काफी सस्ता माल है न!'

न जाने कब तक वह बोलता जाता। पर इसी समय माँ बैठक में आ गईं। उन्हें देखते ही अब्दुल खड़ा हो गया और सिर झुकाकर प्रणाम किया। माँ ने आशीर्वाद दिया—'जीते रहो!'

उसके मुख का भाव ही बदल गया। बड़े विनयपूर्ण स्वर में वह

बोला—'अम्मा, जब सिनेमा देखना हो, मुझे हुक्म देना। भाई साहब से मत कहना; मैं आपको ले चलूँगा। और बिलकुल फ्री। सब सिनेमा मैनेजर मेरी बात मानते हैं। चाहे जिस क्लास में बिठा दूँ आपको। जो आनाकानी करेगा, उसे दो चाँटे रसीद करूँगा।'

माँ विस्मय से उसे देख रही थीं। वे उसे पहचान तो गई थीं; पर उसके इस तरह एकदम बकने लगने से जरा सहम गई थीं।

उसकी वाणी फूट निकली थी। वह आपे में नहीं था। बोलता गया—'अम्मा, मेरी माँ भी ठीक आप जैसी थी। उस दिन आपको देखा तो मुझे ऐसा लगा कि मेरी माँ ही आ गई हो।'

माँ को बात करने का आधार मिला, वे बोलीं—'तेरी माँ कहाँ है?'

उसने आसमान की ओर संकेत करके कहा—'वहाँ है अब तो। कई साल हो गए। ठीक आपके जैसी थी।'

'और तेरे पिता?'

'पिता? पिता भी नहीं हैं। मैं तो कई साल पहले घर से भाग निकला। अब मुझे कुछ भी नहीं मालूम।' उस पर विषाद की छाया फैल गई।

जरा देर पहले का उसका उत्फुल्ल मुख मलिन हो गया।

'तू घर से भाग क्यों आया?' माँ ने पूछा।

उसने जरा गहरी साँस छोड़ी। बड़ी विषादमयी वाणी में बोला—'वह बड़ी दर्दनाक कहानी है, अम्मा। सुनाऊँ तो मेरा कलेजा फट जाए। फिर कभी बताऊँगा। मुझे माँ की बड़ी याद आती है। आप मुझे बेटा मानेंगी? मैं बुरा हूँ, बहुत बुरा। सब मुझसे नफरत करते हैं। पर बेटा माँ के लिए तो बुरा नहीं होता। बोलिए, मुझे अपना बेटा मानेंगी? फिर देखिए, मैं आपका कितना काम करता हूँ। इन भाई साहब से ज्यादा।...'

वह बहुत भर आया था। उसके मजबूत सीने में कहीं कोई भारी भाव था। आँखें उसकी सजल हो गईं, गला रुँध गया। उसकी उद्धतता समाप्त हो गई। वह निस्सहाय बालक-सा कातर हो गया।

माँ मेरी बड़ी वात्सल्यमयी हैं। बचपन से ही मेरे मित्रों को उनका वात्सल्य मिलता रहा है—मेरी ही तरह। मेरे घर मित्रों की भीड़ लगी रहती थी। वे सबको प्यार से तरह-तरह के पकवान बनाकर खिलाती थीं। उनके वात्सल्य के अंचल की छाया में कोई भी आ सकता था। इस लड़के ने उनके नयनों में असीम वात्सल्य देख लिया होगा, तभी वह बेझिझक पहली ही भेंट में उनके चरणों में लोटने लगा।

अब्दुल ने आँसू पोंछकर कहा—'मैं बड़ा बदकिस्मत हूँ, माँ। माँ बच्चे के लिए बड़ी नियामत होती है। मेरी माँ मेरे होश सँभालने से पहले ही न जाने क्यों मुझे छोड़ गई।'

माँ करुणार्द्र हो गई थीं। उसके सिर पर हाथ फेरकर समझाने लगीं—'रो मत! किसी की भी माँ हमेशा नहीं रहती। तू तो अब बड़ा हो गया है। मेरे तो सभी बड़े हैं। तू भी माँ कहा कर। पर तेरी माँ बनने में मुझे बड़ा डर लगता है।'

'क्यों?' उसने सिर उठाकर पूछा।

मुस्कुराकर वे बोलीं—'सुना है, तू मारपीट करता है। कहीं मेरे ऊपर ही गुस्सा आ गया तो...'

वह एकदम बोला—'अरे राम! राम! ऐसा भी कहीं हो सकता है! मैं अपना हाथ काटकर फेंक दूँगा, अगर इसने आप पर उठने का इरादा किया तो।'

माँ ने कहा—'पर, तू ये खराब काम करना छोड़ क्यों नहीं देता? कुछ और काम कर और दो रोटी कमाकर खा।'

वह बोला—'काम मिलता कहाँ है? मैंने तो बहुत कोशिश की। भाई साहब दिला दें, तो नौकरी भी कर सकता हूँ।'

माँ ने मुझसे कहा—'नरेन्द्र, इसे कहीं नौकरी दिला दे। तेरी तो बहुत पहचान है। बिना माँ-बाप का लड़का है।'

मैं अब तक मुग्ध-मन से उन दोनों की बातें सुन रहा था। उस लड़के ने

अभी मुझे घंटे भर तक भाषण पिलाया था। वही अब माँ के सामने मिमियाने लगा था। भोला शिशु बन गया था। वात्सल्य की शक्ति ही ऐसी होती है। सिंह जब जानवरों को हिंस्र नाखूनों से फाड़कर माता के पास आता होगा, तो मेमने-सा कोमल और विनयी हो जाता होगा।

थोड़ी देर बाद वह चला गया।

मैंने माँ से कहा—'तुमने एक ही बार की पहचान में उसे बेटा बना लिया। वह है गुंडा। न जाने इतना प्रेम क्यों जता रहा है? कहीं कोई दगा न कर बैठे!'

माँ ने कहा—'तू तो है वकील! हर बात में तुझे शंका होती है। उसके आँसू आ गए थे, गला भर आया था—तूने देखा नहीं? इतना कपट कोई नहीं कर सकता। और फिर अपना क्या ले जाएगा?'

'परसों 10 रुपये ले ही गया था।'

'क्या वापस नहीं किये?'

'कर गया। पर...'

'बस तो। इसमें पर-वर क्या है? वह लड़का जैसा दिखता है, वैसा है नहीं। गुंडा तो वह हो ही नहीं सकता। गुंडा बना फिरता है। कोई बड़ा दुख है उसे। इसमें कोई बड़ा भेद होगा। इसकी नौकरी लग जाए, तो बिलकुल सुधर जाए।'

मैंने कहा—'तुमने उसका नाम नहीं पूछा? अब्दुल गफूर बताता है।'

वे जरा चौंकीं। फिर बोलीं—'पर इसमें भी मुझे कोई भेद मालूम होता है। वह बातचीत में एक बार चिल्ला पड़ा था—'अरे राम! राम!'... बेटा, संस्कार दबाए नहीं दबता। बोल पड़ता है। घर से भागा लड़का है, नाम बदलकर घूमता होगा।'

माँ की बात तर्कयुक्त थी। मैं फिर भी सशंक था। अब्दुल का आना-जाना अब बहुत बढ़ गया था। माँ के कितने ही काम वह किया करता। विश्वास उस पर इतना बढ़ गया था कि वह बच्चों को घुमाने भी ले जाता

था। माँ के प्रति उसकी असीम भक्ति थी। कहीं कोई उपद्रव करके आता और माँ उसे डाँटती, तो वह कान पकड़कर उठक-बैठक लगाने लगता—बच्चों की तरह।

वह मुझे 'भाई साहब' कहने लगा था। घंटों मेरे पास बैठता। बातें उसकी बड़ी मजेदार होतीं। यहाँ-वहाँ के अपने अनुभव सुनाता। सड़क चलते मेरे साथ हो जाता...रास्ते में बहुत से लोगों के बारे में वह बताया करता।

एक दिन सड़क पर मैंने एक आदमी से हाथ जोड़कर नमस्ते किया। वह मेरी ओर देखने लगा। उसकी भौंहें तन गईं।

पूछा—'यह कौन है? इससे आपने नमस्ते क्यों किया?'

मैंने कहा—'बहुत बड़ा आदमी है। प्रसिद्ध नेता है।'

वह बोला—'बस, इतना ही जानते हैं आप इसे। मैं इससे ज्यादा जानता हूँ। इसके जुए के फड़ पर मैंने छह महीने पहरा दिया है। बड़े-बड़े आदमी इसके यहाँ खेलने आते हैं। हजारों रुपये की 'नाल' कटती है। मैं इसके लिए शराब और औरतें लाता रहा हूँ। मोहन बाग में इसका बँगला है। वहीं रोज रिक्शे में शराब और औरत ले जाता था। एक दिन एक पुलिसवाले ने पकड़ लिया। पूछने लगा, 'यह कौन है तेरी?' मुझे कहना पड़ा, 'बहिन!' बाद में मैंने सोचा कि जो बात अनायास मेरे मुँह से निकल गई, वह सच ही तो है। यह बेचारी मेरी बहिन ही तो है। इसका-मेरा एक धन्धा है—यह उस बदमाश को जिस्म देकर पेट भरती है। और मैं? मैं भी तो उसे जिस्म देता हूँ—इसी जिस्म से फड़ की रखवाली करता हूँ, इसी जिस्म से शराब लाता हूँ, इसी जिस्म से औरत लाता। उस छह महीनों में बड़े उजले मुखों पर कालिख पुती देखी है मैंने। आप नहीं जानते भाई साहब, कई लोग सूरज की रोशनी में बड़े चमकीले लगते हैं, मगर रात को काले हो जाते हैं। बड़े-बड़े धर्मात्मा नेता देखे हैं मैंने। आप इन सालों को हाथ मत जोड़ा करिए। ये आपके पाँवों की धूल के बराबर भी नहीं हैं।'

वह जब आवेग में होता, तो इसी तरह बेरोक-टोक बोलता जाता।

उसके भीतर न जाने कितना लावा भरा था।

मेरी कितनी ही मूर्तियों को उसने खंडित किया। मैं श्रद्धा के बोझ से काफी दबा रहता था; उसने मुझे बड़ा हल्का किया। रोज एकाध देव-प्रतिमा उसके वचनों से खंडित होती। पर वह कभी-कभी धूल में पड़े किसी बेडौल से पत्थर को उठाकर देव मन्दिर में भी स्थापित कर देता। कई निन्दित, बदनाम, छोटे आदमियों का उज्ज्वल रूप उसने मुझे बताया। फिर भी वह बच्चों जैसा खेल-खेल में ही सबके बारे में सारी बातें बता देता।

उसकी कोठरी पता नहीं कहाँ थी? वह मुझे कभी नहीं बताता। मैं कभी जाने का आग्रह करता तो वह यह कहकर टाल देता कि मैं बड़ी गन्दी जगह रहता हूँ, आप वहाँ एक मिनिट भी नहीं रुक सकेंगे।

एक दिन मैं उस मुहल्ले से निकला तो उसके कमरे की ओर मुड़ गया। लकड़ी के फरदों की एक छोटी-सी कच्ची कोठरी थी।

मैंने भीतर झाँका। वह भीतर था। वह बड़े मन से एक काम में लगा था। काम क्या था? दो-तीन छुरियों को निशाना साधकर लकड़ी की दीवार पर मार रहा था। छुरियाँ लकड़ी में घुस जातीं, तो वह उन्हें निकालकर फिर निशाना साधकर मारता। चारों ओर छुरियों के निशान बने थे।

वह खेल नहीं रहा था। खेल में या अभ्यास में आदमी का चेहरा इतना विकृत नहीं होता। उसके मुख पर असीम क्रूरता और घृणा थी। बिलकुल हत्यारे का मुँह लगता था।

मैंने आहिस्ते से पुकारा—'अब्दुल, यह क्या कर रहा है?'

उसका हाथ रुक गया। घबड़ाकर मेरी ओर देखा। कुरते से पसीना पोंछकर बोला—'अरे! आप कैसे आए?'

वह हक्का-बक्का हो गया था। मुझसे बैठने को कहने का होश भी उसे नहीं था।

मैं उसकी खाट पर बैठ गया। प्रश्न दुहराया—'यह क्या कर रहा था?'

वह बोला—'कुछ नहीं। यों ही जरा निशाना साध रहा था।'

'क्यों? किसी सर्कस में काम करना चाहता है?'

वह बड़ी खिन्न हँसी हँसा। बोला—'जिन्दगी से बड़ा सर्कस और कौन है? रोज तो नित नये खेल खेलता हूँ। यह तो यों ही जरा मन बहलाने के लिए...'

मैंने कहा—'मन बहलाने के लिए ऐसा नहीं किया जाता। मैं पाँच मिनट से देख रहा हूँ। तू इसे खेल सरीखा नहीं खेल रहा था।'

वह बोला—'खेल नहीं है, तो काम ही समझ लीजिए।'

'यह कैसा काम है?' मैंने पूछा।

वह खीझ उठा। बोला—'आप तो हर जगह वकील बने रहते हैं। बात-बात में जिरह। तो सुनिए—यह मेरा बहुत जरूरी काम है। मैं अचूक निशाना साधना चाहता हूँ। आदमी 10-15 फीट दूर हो, तो भी मैं उसके दिल को छेद सकूँ। कई आदमी इतने गन्दे होते हैं कि उन्हें मारने के लिए पास जाने का मन नहीं होता।'

'तो तू किसी आदमी को मारना चाहता है?'

'हाँ, जरूर मारूँगा।'

'पर तू तो कहता था कि तूने गुंडागीरी छोड़ दी?'

'यह गुंडागीरी नहीं है, मेरा फर्ज है। उसे मारे बिना मेरा फर्ज पूरा नहीं होगा।'

'कौन है वह?'

'यह बात मुझसे निकाल सकने वाला वकील दुनिया में अभी पैदा नहीं हुआ। इतना ही कह सकता हूँ कि आप उसे नहीं जानते। वह इस शहर का भी नहीं है। यह भी नहीं जानता कि वह आजकल कहाँ है। पर मुझे भरोसा है कि वह एक दिन मुझे मिलेगा जरूर। और तब मैं उसके कलेजे में छुरी घुसेड़ दूँगा।'

मैं चुप था। वह दीवार पर अटकी छुरी निकालने लगा; फिर उसने दोनों छुरियाँ पेटी में रख दीं।

वह काफी सँभल गया। उसके चेहरे का तनाव कम हो गया था।

बड़ी गम्भीरता से बोला—'भाई साहब, एक बात तो बताइए—आदमी का दिल ठीक किस जगह होता है? पीठ की ओर से आसानी से मिल सकता है कि सीने की तरफ से? मैं उसके ठीक दिल में छुरी चुभाना चाहता हूँ। वैसे तो गर्दन दबाकर भी मार सकता हूँ, पर मैं उसका दिल छेदना चाहता हूँ।'

वह फिर उसी बचपन में लौट आया। इतने जघन्य कृत्य की बात खिलवाड़ में ही करने लगा।

मैं बात को खेल में नहीं टाल सकता था। मैंने कहा—'तेरा उस आदमी ने क्या बिगाड़ा है?'

वह फिर उत्तेजित हो उठा—'उसने? उसने तो मेरी जिन्दगी में कुछ छोड़ा ही नहीं। उसने मेरी माँ की जान ली है। उसने एक बेकसूर को मारा है। उसे मारे बिना मुझे चैन नहीं मिल सकता। मेरी जिन्दगी का यही सबसे बड़ा काम है।'

मैं बड़ा चिन्तित हो गया। मैं समझ रहा था कि इसमें सुधार हो रहा है। पर यह तो यहाँ बैठा-बैठा किसी की हत्या करने की तैयारी कर रहा है! न जाने कब यह वारदात हो जाए और मैं भी उसके साथ फँस जाऊँ। लोग इसे मेरे साथ देखते हैं। पुलिस भी देखती होगी। कहीं कुछ कर बैठा, तो पहले मैं पकड़ा जाऊँगा।

वह मेरे चिन्तित मुख की ओर देखता रहा। फिर एकदम उठकर मेरे पैरों से चिपट गया। कहने लगा—'आप मेरे कारण बिलकुल चिन्ता में न पड़ें। मैं वफादार आदमी हूँ। मुझे दुनिया में सबने दुत्कारा। सिर्फ आप लोगों ने मेरे सिर पर मुहब्बत से हाथ रखा। मैं आप लोगों को किसी मुसीबत में नहीं डालूँगा। जब से आपसे मेरी जान-पहचान हुई है, मैंने एक भी कोई वैसा काम नहीं किया। मेरे पास पहले का कुछ पैसा है, उसी से काम चला रहा हूँ। उस दिन तो मैं इसलिए आपके पास माँगने गया था कि पुलिस मेरे कमरे में मेरे पीछे न आ जाए। आप बिलकुल फिक्र न करें। जो कुछ

करूँगा, अपनी जिम्मेदारी पर। और सब खुलासा कह दूँगा।'

मैंने बहुत कोशिश की, पर उसने उस आदमी का नाम नहीं बताया। स्पष्ट था कि उसके प्रति इसके मन में तीव्र घृणा थी। इसका कारण कोई और भावनात्मक आघात रहा होगा। जिसका इससे सबसे अधिक अपनत्व रहा हो, उसी ने उसकी माँ को उससे छीन लिया होगा। वर्षों से उसके मन में प्रतिहिंसा जल रही है। यह क्षण का आवेग नहीं है। न जाने किसने इसके हृदय को कुचला? न जाने किसने इसकी माँ को छीना?

मेरी माँ को देखकर उसे अपनी माँ की याद हो आई थी। माँ की ममता का भूखा, यह एकदम मेरी माँ के वात्सल्य में भीग गया था। इस बात में कोई शक नहीं था कि वह किसी अच्छे परिवार का लड़का था। वह शौकिया गुंडा नहीं हुआ था।

माँ के सामने जाते ही वह बालक बन जाता था। उनसे शायद वह रहस्य कह दे, यह सोचकर मैंने माँ को उस दिन की घटना बतलाई।

शाम को जब वह आया, तो माँ ने उससे पूछा। उसने बड़ी दीन वाणी में कहा—'अम्मा, यह मैं अभी नहीं बता सकता। यह मैं किसी को नहीं बता सकता। तुम्हारे लिए प्राण दे सकता हूँ, मगर यह बात मुझसे मत पूछो। और क्या पता, वह आदमी अपनी ही मौत मर गया हो या जल्दी मर जाए! वक्त आने पर सब बताऊँगा।'

उसका हठ टूटा नहीं। वह अपराधी-सा सिर नीचा किये वहाँ से चला गया।

माँ ने कहा—'यह लड़का तो बड़ा विचित्र है। इसका कुछ भेद ही नहीं मिलता। जाने किसकी जान लेना चाहता है।'

मैंने कहा—'इसे मुँह लगाना ठीक नहीं हुआ। न जाने कब क्या कर बैठे। हमारी व्यर्थ ही खींचतान हो।'

माँ ने कहा—'पर इसमें वैसे तो सुधार आया है आजकल यह कोई उपद्रव नहीं करता।'

हम लोगों ने सोचा कि उसका आना बन्द कर दें। पर वह घर आते ही इतना सीधा हो जाता कि उससे कुछ कहते नहीं बनता था। इतनी आत्मीयता में आदमी को दुत्कारा भी कैसे जाए? हमारे साथ उसका व्यवहार बहुत ही विनम्र होता। वह दयनीय ही हो जाता। और इस तरह व्यवहार करता मानो इसी घर का लड़का हो। घर के कितने ही काम वह किया करता। बिना किसी कारण के उसका घर आना बन्द भी कैसे करते?

उसकी नौकरी किसी तरह लग गई। नौकरी पाने की मजबूरी में उसने एक रहस्य और प्रकट हो जाने दिया—वह इंटर तक पढ़ा था। उसकी बातचीत से वह बड़ा समझदार और होशियार लगता था। पर पढ़ाई-लिखाई की बात उसने हमेशा छिपाई थी।

एक प्राइवेट कम्पनी में जब मैंने उसकी नौकरी की बात चलाई, तो उन लोगों ने शैक्षणिक योग्यता पूछी। पहले तो उसने टालमटूल की। फिर बताया कि वह इंटर पास है। प्रमाण-पत्र माँगे, तो उसने साफ कह दिया—'गुंडा भी कहीं सर्टिफिकेट लेकर घूमता है? सब खो गए। अगर भरोसा न हो, तो मेरा इम्तहान ले लें।' प्राइवेट नौकरी थी और मेरी अच्छी पहचान थी, इसलिए उसकी बात मान ली गई।

वह काम पर जाने लगा। काम बड़ी मुस्तैदी से करता। मैंने एक दिन मैनेजर से पूछा, तो उसने कहा—'बहुत ईमानदार, मगर जरा सनकी है। मिजाज का जरा तेज है अगर जरा कोई बात शान के खिलाफ हो जाए तो तमतमा उठता है; आँखों में लाल डोरे आ जाते हैं। हम उसकी यह कमजोरी समझकर ही काम लेते हैं। हाँ, साहब, नौकरी में आत्म-सम्मान कमजोरी तो है ही।'

उसके रहन-सहन में भी काफी परिवर्तन हो गया था। पहले जैसा शोहदा वह नहीं लगता था। पर एक छुरी वह हमेशा जेब में डाले रहता।

अभी भी वह निशाना साधता और सीने में दिल की ठीक स्थिति जानने की कोशिश किया करता।

एक दिन कमरे में शरीर-विज्ञान का एक चार्ट लिये बैठा था। टेबल पर चार्ट पड़ा था और वह उसे बड़े ध्यान से देख रहा था।

वह मनुष्य-शरीर का ढाँचा था।

मैं चुपचाप उसके पीछे खड़ा था और वह आसपास से बिलकुल बेखबर, टेबल पर पड़े चार्ट पर झुका था। उसके एक हाथ में छुरी थी। देखते-देखते उसने छुरीवाला हाथ उठाया और चित्र पर हृदय में छुरी घुसेड़ दी। चित्र में छेद पड़ गया। वह उसे बड़े गौर से देखता रहा। उसने एक साँस छोड़ी। पसीने से तर हो गया था।

उसके मुड़ने के पहले ही मैं वहाँ से चुपचाप खिसक लिया। नौकरी मिल जाने और जीवन में इतना परिवर्तन हो जाने पर भी किसी के हृदय में छुरी घुसेड़ देने की धुन अभी लगी ही थी।

इतवार का दिन आलस्य का दिन होता है। सप्ताह भर समय पर दफ्तर जानेवाले लोग, इतवार को कोई भागदौड़ नहीं मचाते। देर से उठते हैं, आराम से चाय पीते हैं, गप्पें हाँकते हैं। उन्हें कहीं जाने की जल्दी नहीं होती, आज वे किसी के गुलाम नहीं; अपने समय के आप ही मालिक होते हैं।

मैं देर से उठकर चाय पीता हुआ अखबार पर नजर दौड़ा रहा था। सामने बरामदे में एक आदमी सहमा-सा खड़ा देख रहा था। मैंने आवाज दी—'कौन है भाई? क्या चाहिए? यहाँ भीतर आ जाओ।' वकील को हर आदमी मुवक्किल लगता है, जैसे डॉक्टर को हर आदमी मरीज। हमारे छीन-झपट के धन्धों ने हमारी दृष्टि में मनुष्य को केवल मुवक्किल, या मरीज या ग्राहक बनाकर रख दिया है।

वह आदमी भीतर आया। मैंने कहा—'क्या काम है?' वह बोला—'वह विनोद बीमार है। आपको याद कर रहा है।'

'कौन विनोद?' मैंने पूछा।

जवाब दिया—'विनोद को नहीं जानते? वही जो आपके यहाँ आता-जाता है। आपने ही तो उसकी नौकरी लगा दी है!'

मैंने देखा, उसके कपाल पर बाएँ कोने में ताजा घाव का निशान था। मेरे मुँह से सहसा निकला—'तुम्हारे सिर में उसी ने डंडा मारा था न?'

वह सकुचाता हुआ बोला—'हाँ, बाबू साहब, उस दिन जरा दारू ज्यादा पी गया था। औरत से लड़ बैठा था।'

माँ का अन्दाज ठीक था। विनोद नाम को वह अब्दुल से ढाँके था। कितने रहस्य यह आदमी अपने आसपास लपेटे है! इसने अपना नाम क्यों बदल रखा है? नाम के साथ ही धर्म भी? क्या विनोद ने कोई जघन्य अपराध किया है जिसे अब्दुल ढाँके है? कितनी परतों के भीतर इसका सच्चा रूप छिपा है? क्या पता, विनोद के भीतर कोई और छिपा हो!

मैंने उस आदमी से कहा—'भाई, जरा बैठ जाओ; चलता हूँ। यह तो बताओ, यह विनोद है या अब्दुल? इसके बाप को जानते हो?'

उसने कहा—'यह तो मैं भी नहीं जानता कि वह कौन है, किसका लड़का है और उसका नाम क्या है! सिर्फ इतना पता है कि वह जात का कायस्थ है। घर से भाग आया है और यहाँ आकर अब्दुल बन गया है। वह डरता है कि कहीं उसके घरवाले पता न पा लें। घर लौटना नहीं चाहता।'

मैंने माँ को पुकारा। वे आईं, तो मैंने कहा—'माँ, तुम्हारा अन्दाज ठीक था। वह अब्दुल नहीं है, विनोद है। कायस्थ है। ये उसके पड़ोसी हैं।'

माँ बोली—'देख, मैं कहती नहीं थी! सूरत से भी भले घर का मालूम होता है। कहाँ का रहनेवाला है? इस तरह भागा-भागा क्यों फिरता है?'

वह आदमी बोला—'माताराम, यह तो मुझे भी नहीं मालूम। कुछ बताता ही नहीं है। बड़ी बँधी मुट्ठी है उसकी।'

मैं उस आदमी के साथ हो लिया। उसके कमरे पर पहुँचा। उसे बुखार

था। पर वह घबड़ा बहुत रहा था। बीच-बीच में असम्बद्ध-सा बड़बड़ाता जाता था।

डॉक्टर को बुलाया। उसने देखकर कहा कि बुखार तो ज्यादा नहीं है पर मानसिक उत्तेजना के कारण तबीयत ज्यादा खराब हो गई है।

वह बीच-बीच में चीखता-चिल्लाता। माँ का नाम लेकर जोर से पुकारता। फिर तकिये में सिर गड़ाकर सिसकने लगता।

तीसरे पहर उसकी तबीयत कुछ सुधरी। उसने मुझे पहचाना। पूछा—'क्यों, माँजी नहीं आईं?'

मैंने उसी पड़ोसी को माँ को बुला लाने भेजा। वह आँख फाड़े छत को देखता रहा।

माँ आ गईं। उन्हें देखते ही उसकी आँखों में आँसू आ गए। बच्चे की तरह मुँह फुलाकर शिकायत करने लगा—'अम्मा, मैं मर रहा हूँ, और तुम देखने भी नहीं आईं। क्यों आओगी? मैं कौन होता हूँ तुम्हारा? एक आवारा की किसी को कोई खास जरूरत नहीं है। मेरा कोई नहीं है...कोई नहीं... मर जाऊँ तो कौन रोनेवाला है!' उसने तकिये में मुँह छिपा लिया।

माँ की आँखें भी गीली हो आईं। प्यार से उसके सिर पर हाथ फेरती हुई बोलीं—'पगले, तुझे होश भी था, जो जानता कि मैं आई या नहीं। अरे, माँ तो कभी छोड़ती नहीं बेटे को। भगवान ही उठा ले तो बात दूसरी है। तू आराम से लेट जा। सबेरे तक अच्छा हो जाएगा। सो जा ठीक से। ज्यादा बचपना नहीं करना।

वह बहुत आवेग में था। फिर भी माँ की बात स्वीकार कर ली और पड़ गया। उसके हृदय का स्पन्दन और श्वास-वेग देखकर लगता था, उसके हृदय में आवेश है।

स्वस्थ हो जाने पर एक दिन घर पर आया तो माँ ने उससे कहा—'क्यों रे, तू तो मुझसे भी झूठ बोल गया! नाम ही तू छिपाए रहा। पता नहीं, तेरे पेट में क्या है भाई!'

वह घबड़ा गया। फिर कुछ सोचकर बोला—'मैं बीमार था, तब वह जगन्नाथ यहाँ आया होगा। जरूर उसी ने कहा होगा। उसके पेट में कोई बात पचती ही नहीं। माँ, तुम मुझे माफ कर दो। कुसूर तो मैंने किया ही है, पर मैं नहीं चाहता कि कोई मुझे पहचाने। मेरे पुराने नाम के साथ बड़ी कड़वाहट जुड़ी है। जब मुझे कोई 'विनोद' कहकर पुकारता है, तो मेरा कलेजा काँप जाता है। विनोद तो मर गया। मैं तो दूसरा ही आदमी हूँ। मैं सब कुछ बदल देना चाहता हूँ—नाम, कुल, जाति। मेरी पिछली जिन्दगी मुझसे छूट जाती तो कितना अच्छा होता!'

मैंने कहा—'सब बदला जा सकता है, पर मन तो वही रहता है। आदमी सबसे दूर भाग सकता है—घर से, परिवार से, अपनों से, पर मन तो फिर भी उसके साथ रहता है।'

'यह तो मेरी मजबूरी है।' वह निराश स्वर में बोला।

माँ ने पूछा—'पर तेरी जिन्दगी में ऐसा क्या हो गया है, कुछ तो बता? और तू किसी को मारने की बात बार-बार कहता है! किसने तेरी माँ को छीना?'

उसने माथा झुका लिया। उसके मुँह से गहरी कराह निकली। जवाब दिया—'यह नहीं बतलाता। बतलाऊँगा, तो आप लोग मुझे समझाने लगेंगे। मैं नहीं चाहता कि कोई मुझे समझाए। जो मैंने समझ लिया है, उससे आगे नहीं समझना चाहता। मेरे भावों के तीखेपन को आप लोग समझा-बुझाकर भोथरा करने की कोशिश करेंगे। यह मैं नहीं चाहता। एक दिन सब बात खुल जाएगी। तब मैं तुम्हीं से न्याय कराऊँगा, माँ, मैंने अच्छा किया या बुरा।'

माँ कुछ बोलीं नहीं। चिन्तित मुख उसकी ओर देखती रहीं।

वह बड़ी कातर वाणी में बोला—'तुम नाराज हो गईं। तुमसे ही मुझे माँ का प्यार मिला है। मेरी माँ के उठ जाने के बाद तो मैं घृणा ही पाता रहा हूँ। मैं आपके लिए सब कुछ कर सकता हूँ, पर इस बात में दखल मत दो। अगर मेरी सगी माँ भी स्वर्ग से उतरकर समझाने लगे तो मैं उनकी

बात भी नहीं मानूँगा। वे उन्हें माफ कर दें, पर मैं नहीं कर सकता। उसने उनकी अपेक्षा मेरा अधिक अपराध किया है।'

वह फिर उत्तेजित हो उठा। उसके मन की ऐंठन चेहरे पर आ गई। व्याकुल हो उठा। आवेश में बोलता गया—'तुम नहीं जानतीं, मेरे भीतर कितनी ज्वाला धधक रही है। मैंने प्रतिशोध को बच्चे की तरह पाला है। वह मेरा आत्मज है। अब मैं किसी के कहने से उसका गला नहीं घोंट सकता। जिसने मेरे समान यातना नहीं भोगी, वह नहीं समझ सकता मेरी हालत को।'

उसे समझाना व्यर्थ था। बड़ा हठी था। मैंने माँ से कहा—'माँ, उसे शान्त करने की कोशिश करना व्यर्थ है। जो हमारा कहना न माने, उसकी जिम्मेदारी हम कैसे ले सकते हैं? हमें ही उसके रास्ते से हट जाना चाहिए। उसे जो दिखे, वैसा करे।'

मैं काफी रूखेपन से बोला। मैं खीझ उठा था। मेरी आशंका बढ़ने लगी थी। न जाने कब क्या हो जाए? भला करते, खुद फँस जावें। कई बार मैंने उसे छोड़ देने का इरादा किया, पर उसने ऐसा अपनत्व उत्पन्न कर लिया था, माँ के प्रति इतनी श्रद्धा उसमें थी, कि उससे कुछ कहने के लिए मुँह नहीं फटता था। और वह हमारा कोई नुकसान भी तो नहीं करता था। नौकरों की तरह सेवा-चाकरी करता था।

मेरी बात से उसे धक्का लगा। वह धीरे से उठा और बिना कुछ बोले बाहर चला गया।

समय-समय पर ऐसे उबाल के सिवा वह अब बहुत शान्त रहता। बड़ा शरीफ हो गया था। दफ्तर में सब उसकी कार्यकुशलता और सज्जनता की तारीफ करते थे। जो उसके पहले के रूप को जानते थे, वे इस परिवर्तन पर विस्मित थे और इसका श्रेय मुझे मिलने लगा था। मेरे भीतर निर्माण का दम्भ भी कुछ-कुछ जाग चला था। पर मैं जानता था कि कभी भी इस शान्ति के आवरण को चीरकर उसके भीतर की ज्वाला बाहर निकल आती

थी। और तब वह आवेश में धाराप्रवाह बोलता जाता था। विश्वासों को धूल में मिलाता जाता, सज्जनता की हँसी उड़ाता; हमारी मान्यताओं की धज्जी उड़ाता। जब उसकी कटुता उभरती, तो जैसे उसकी प्रतिभा जाग जाती।

कई प्रसंग तब के याद हैं।

एक दिन हम लोग 'परिणीता' फिल्म देखकर आ रहे थे। शरद बाबू की कथा और सुन्दर अभिनय—हमारे मन भीगे थे। कोई किसी से बोल नहीं रहा था। शरच्चन्द्र इसी प्रकार हमारी चेतना को अभिभूत करते हैं। सघन करुणा और अथाह श्रद्धा-तर्क को मौन बना देते हैं। आधे रास्ते में पत्नी ने कहा—'देखो, आखिर श्रद्धा की विजय हुई। बेचारी को कितनी यातनाएँ सहनी पड़ीं, पर उसने प्रेम और विश्वास नहीं छोड़ा। अन्त में पुरुष का हृदय बदला।'

विनोद जैसे भरा हुआ बैठा था। एकदम फूट पड़ा—'बस, बस, भाभी, बहुत है। इतनी तारीफ मत करो। ये लेखक लोग भी तुम्हें बुद्धू बना देते हैं। उन्होंने लिख दिया—श्रद्धापूर्वक सहे जाओ। अत्याचार को गर्व के साथ अंगीकार करो। किसी दिन पुरुष का हृदय बदलेगा। बस, तुमने गाँठ बाँध ली। तुम्हारी सहनशीलता-क्षमाशीलता की प्रशंसा कर दी और तुम फूलकर कुप्पा हो गईं। अब तुम सहे जाओ। कभी तो पुरुष का हृदय बदलेगा। कहानी में तो बदलना है मगर जिन्दगी में कम ऐसा होते देखा है।'

माँ ने टोका—'तेरा तो दिमाग उलटा चलता है।'

'उलटा नहीं माँ, सीधा चलता है। सीधा सोचनेवाला सनकी कहलाता है। 'परिणीता' वाली लड़की को ही देखो। झूठे सन्देह पर वह आदमी उसे त्याग देता है। इतने वर्षों की समीपता, मैत्री, प्रेम, विश्वास सब पर उसने पानी फेर दिया और एक क्षण के सन्देह को सत्य मान लिया। वह लड़की भी उससे कह देती कि तेरा मन इतना कच्चा और शंकालु है तो तू अपना रास्ता ले। तुझे प्रेम करना ही नहीं आता। यह क्या है?—रो रहे हैं, घुट रहे हैं, सह रहे हैं। कभी हृदय बदल जाएगा। वाह री श्रद्धा!'

पत्नी ने कहा—'लेकिन आखिर उसने प्रेम के सामने समर्पण तो किया। श्रद्धा ने उसे जीता नहीं?'

वह आवेश में बोलता गया—'भाभी, तुम कुछ नहीं जानतीं। तुम्हें सुखी गृहस्थी मिली है न! मैं जानता हूँ। मैंने देखा है कि पति स्त्री को ढोर सरीखा पीटता है, झूठे सन्देह पर उसका जीना मुश्किल कर देता है, गाली देता है, लांछित करता है, अपमानित करता है, त्याग देता है। वह बेचारी सहती जाती है, जिन्दगी भर। पर उस नर-पशु का हृदय नहीं बदलता। बिना उसका हृदय बदले ही वह किसी दिन इस दुनिया से चली जाती है। यहाँ आखिर अत्याचार और नीचता की ही जीत हुई न?'

माँ को एक बात सूझी। बोलीं—'तू अपने पर से ही देख। पहले कैसा था और अब कैसा हो गया? तेरा हृदय बदला कि नहीं?'

उसने तपाक से उत्तर दिया—'मैं बदला, क्योंकि मेरे पास हृदय है। पर जिसके पास हृदय ही न हो, उसका क्या बदलेगा? पत्थर में कहीं श्रद्धा से नरमाई आई है? उसका तो पीसकर चूर्ण ही बन सकता है। मैंने ऐसे आदमी देखे हैं। इनके लिए कोई उपाय नहीं है। अगर होता, तो राम रावण और बालि का वध क्यों करते? कृष्ण दुर्योधन से पांडवों की सुलह क्यों नहीं करा पाए? महाभारत ही क्यों हुआ? ये दोनों तो अवतारी पुरुष थे। वे जानते थे कि इनका सुधार इनकी मौत ही है।'

वह आवेग से काँपने लगा। मुट्ठियाँ बँध गईं और श्वास की गति बड़ी तीव्र हो गई। उसकी कल्पना में वही व्यक्ति आ गया होगा, जिसके लिए वह छुरी रखे रहता था। उस कल्पना से ही वह आपा खो बैठता था।

उसकी आदत से हम परिचित हो गए थे। ऐसे समय में हम मौन साध लेते थे। थोड़ी देर में वह स्वयं शान्त हो जाता।

वह यंत्र-सा साथ चलता गया। हमारा घर आते ही उसने बिना कुछ कहे हमें छोड़ा और अपने घर की ओर आगे बढ़ गया।

उसकी जिन्दगी में एक नई स्थिति आई।

सामान्यत: हर आदमी की जिन्दगी में वह आती है। कुछ बन जाते हैं, कुछ बिगड़ भी जाते हैं। साधारण आदमी सबसे सुलझ लेता है। पर जिसका मन आवेग के साथ चीजों से सम्बन्ध जोड़ता है, उसकी हालत भिन्न होती है।

बात मुझे उस दिन शाम को मालूम हुई। मैं घर लौटा, तो विनोद बैठक में मेरा इन्तजार कर रहा था। बड़ा विचलित लगा।

मुझे देखते ही उछल पड़ा। बोला—'भाई साहब, एक अच्छी खबर सुनाने आया हूँ।' चेहरा उसका दमक रहा था। खुशी की किरणें बिखर रही थीं।

'क्या बात है, सुनाओ।' मैंने पूछा।

'बात क्या है! बस, समझ लो—हो गया।'

'क्या हो गया? '

'प्यार!'

'प्यार? किसका प्यार?'

'मेरा। और किसका? मैं किसी साले के प्यार की खबर क्या आपके पास लेकर आऊँगा?'

'तू पागल तो नहीं हो गया?'

'पागल तो हो ही गया हूँ। जो प्यार करके होश में रहे, उसे धिक्कार है।'

प्यार की बात वह इस तरह कर रहा था, जैसे बच्चे ने कोई खिलौना पा लिया हो।

मैंने खीझकर कहा—'तेरी बात का कोई सिर-पैर भी है?'

'सिर तो है, मैं अभी बताता हूँ। पर पैर आपको ही जमीन पर टिकाने पड़ेंगे। मेरी यही तो खराबी है—मेरी बातों का सिर ही होता है; पैर न टिकने के कारण उड़ जाती हैं।'

मैंने कहा—'अच्छा, अभी ठहर। पहले चाय पी लूँ, फिर तेरे प्यार का इजहार सुनूँगा।'

वह एकदम उठा और भीतर से चाय ले आया। मैं चुपचाप चाय

पीने लगा। उसने जल्दी से दो-एक घूँट में प्याली खाली कर दी। बोला—'अब कहूँ?'

'नहीं, चाय तो पी लेने दे।'

उसकी बाल-सुलभ आतुरता का मैं मजा ले रहा था। वह कप-बसी बजाने लगा और कोई प्यार का फिल्मिया गाना गुनगुनाने लगा।

मैंने चाय पी ली।

वह बोला—'अब कहूँ?'

'नहीं, अभी पान तो खाया नहीं है।'

वह उठा और भीतर से पान ले आया। पान देते हुए बोला—'अब कहीं यह मत कहने लगना कि एक नींद ले लूँ, उसके बाद सुनाना। इतनी देर में तो मेरे प्राण ही निकल जाएँगे।'

मुझे हँसी आ गई।

वह इसे बयान करने का संकेत समझकर कहने लगा—'भाई साहब, अनायास ही प्रेम हो गया...'

मैंने बात काटकर कहा—'देख भई, सिनेमा देखते-देखते तेरे दिमाग में अनायास प्रेम समा गया है। मेरे पास फिल्मी इश्क की कथा सुनने के लिए वक्त नहीं है।'

वह बोला—'आप जरा सुनिए तो। मजा यह है कि यह बात बिलकुल सच्ची है और फिर भी फिल्मी लगती है। फिल्म में ऐसा होता है न, किसी स्त्री को गुंडे छेड़ रहे हैं कि एकाएक दीवार की आड़ से या झाड़ी के पीछे से नायक निकला और गुंडों को मार भगाया। बस, फिर प्यार हो गया। आप जैसे मैं भी पहले इस पर हँसता था कि क्या गुंडों और नायक के बीच पहले से 'एग्रीमेंट' हो जाता है, पहले से योजना बन जाती है। वरना आदमी दीवार की आड़ में खड़ा रहकर छेड़ने की राह क्यों देखेगा? पर मेरे साथ बिलकुल ऐसा ही हो गया।

'मैं जानता तो उसे कई दिनों से हूँ—मेरे मुहल्ले के मोड़ पर रहती

है वह। पर उससे प्यार कल की घटना से हुआ। मैं शाम को तालाब के किनारे बैठा था। सूरज ढल रहा था। पास में सड़क है। एकाएक तभी किसी स्त्री की आवाज सुनाई दी। मैं जरा नीचे की ओर बैठा था, इसीलिए सड़क से दिखता नहीं था। मैं एकदम खड़ा हुआ तो क्या देखता हूँ कि जरा दूर पर दो गुंडे एक स्त्री को तंग कर रहे हैं। दो-चार छलाँग में मैं पहुँच गया। वे गुंडे मुझे देखते ही साइकिल पर डबल चढ़कर भागे। मैंने अपने हाथ का डंडा साइकिल के 'स्पोक' में घुसेड़ दिया। 'स्पोक्स' कट-कट करके टूटे और वे दोनों जमीन पर आ गए। दोनों को मैंने उमचा और जब उस लड़की की ओर ध्यान से देखा तो अवाक् रह गया। वही थी जिसे मैं रोज देखता था। मैं उसे घर तक छोड़ने चला। दोनों चुप। किसी का मुँह नहीं खुलता था। आखिर मैंने ही पहले मुँह खोला, 'तुम बहुत घबड़ा गई थीं। तब तुम क्या सोचती थीं? क्या होगा?' भाई साहब, उसका जवाब अभी तक मेरे कानों में गूँज रहा है। उसने कहा—'मैं सोचती थी कि आप जरूर आएँगे और मुझे बचा लेंगे।' बस, फिर तो बातें करते ही गए। कल जब दफ्तर जाने को निकला, तो वह खिड़की में खड़ी मेरी राह देख रही थी। मुझे देखते ही मुस्कराकर हाथ जोड़ दिये। और आज दफ्तर से लौटते वक्त तो मेरी उससे बात भी हुई। भाई साहब, वह इतनी अच्छी है, इतनी अच्छी है—कि बस—कहते ही नहीं बनता।'

मैं चुपचाप सुन रहा था। वह चुप हुआ तो मैंने कहा—'अच्छा, अब आप इश्क भी फरमाने लगे! सिनेमा के शौकीनों का यही हाल होता है। उन्हें गली-कूचों में प्रेम की नदियाँ बहती दिखती हैं।'

वह जरा निराश हुआ। कहने लगा—'आप तो भरोसा ही नहीं करते। सच कहता हूँ—एकदम प्यार हो गया है। प्यार की पहचान तो पशु तक को होती है; फिर मैं तो आदमी हूँ।'

'अच्छा ठीक है, मैंने मान लिया कि तेरा प्यार हो गया है। किससे हो गया है?'

'एक लड़की से।'

'उसका नाम? पता?'

'वह मैंने सब उससे पूछ लिया है। नाम—सुषमा, बाप का नाम—न मालूम, बिलकुल मेरी ही तरह! रहती है यहाँ से तीसरे बिजली के खम्भे से दाहिनी ओर मुड़ने वाली सड़क पर मोड़ से पाँचवें खम्भे के सामने। चाचा के पास रहती है। दरवाजे पर चाचा की नेमप्लेट पर लिखा है : शिव प्रसाद वर्मा हेडकलर्क...इतना तो पता पुलिस भी नहीं दे सकती। और कुछ?'

'बस, काफी है, मैं समझ गया। बताओ, क्या करूँ अब?'

'करने को तो मैंने कुछ नहीं कहा। सुनने को कहा था।'

कवि और प्रेमी सुनाए बिना चैन नहीं पाते। काव्य और प्रेम, दोनों में आनन्द की अभिव्यक्ति होती है और आनन्द का स्वभाव विस्तार का है। सुनाकर वह काफी सन्तुष्ट हो गया था।

मैंने पूछा—'तू अब क्या करेगा?'

वह बोला—'बस, प्रेम करूँगा।'

'कब तक?'

'हमेशा, जीवन भर, बल्कि उस जन्म में भी।'

'तुमसे जीवन भर प्रेम करने के लिए वह उसी घर में बैठी रहेगी?'

वह चौंक उठा। बोला—'हाँ, यह बात तो मेरे ध्यान में ही नहीं आई थी। मैंने कहा था न—मेरी बात का सिर होता है, पैर नहीं। पैर का प्रबन्ध आपको करना पड़ेगा।'

'अब तू जा। पहले मुझे पैर टिकाने के लिए जमीन खोज लेने दे। फिर बात करूँगा।'

वह डूबता जाता था। रोज शाम को वह मुझे अपने प्रेम के हालात सुनाता। वही-वही बात कई बार कहते वह थकता नहीं था। मैं नहीं जानता था कि उस जैसा बेपरवाह, स्वतंत्र वृत्ति का अक्खड़ आदमी इस तरह बँध जाएगा। मेरा खयाल था, यह नशा जल्दी ही उतर जाएगा। पर वह बढ़ता

ही जाता था। वह बदल रहा था। उद्धतता अब बिलकुल समाप्त हो गई थी; उसकी आँखों में पहले जैसा क्रूर भाव मैंने कई दिनों से नहीं देखा था, उसके व्यवहार में बड़ा पालिश आ गया था। सोच-समझकर बोलता था; जिम्मेदार आदमी जैसा व्यवहार करता था। गम्भीर हो चला था। उसके मुख का खुरदरापन मिट गया था, कोमलता आ गई थी। वह पहले से अधिक सुन्दर भी हो गया था। प्रेम ने उसके तन-मन को उजला कर दिया था।

मेरे पास बैठता तो मुझे अनुभव होता कि उसके मन में उल्लास की हिलोरें उठती हैं।

सुषमा के बारे में मैंने कुछ पता लगाया था। माँ-बाप नहीं थे, चाचा के आश्रय में रहती थी। हमारे संयुक्त परिवारों में, जिससे आमदनी नहीं बढ़ती, उसकी बड़ी उपेक्षा और विडम्बना होती है—वह चाहे बेटी हो या बेटा। लड़की तो और भी मुसीबतें ले आती हैं। इस लड़की को सुबह से शाम तक काम करना पड़ता था; ऊपर से सबके ताने और अपमान। बिलख गई थी, इसलिए अधिक पीड़ित रहती थी। ऐसी परिस्थितियों में कम प्राणशक्ति वाला टूट जाता है; पर जिसकी आत्मा में बल होता है, उसमें बड़ी चारित्रिक दृढ़ता आ जाती है। इसका व्यक्तित्व बड़ा खरा निर्मित होता है।

यह लड़की बड़ी मजबूत थी। संकटों में अर्जित बल का ही प्रभाव था कि वह ऐसे निरंकुश, ऊबड़-खाबड़, मनमौजी व्यक्ति को अभिभूत कर सकी थी, बाँधे थी।

उनकी भेंट कभी-कभी हो जाती थी। विनोद उस दिन आपे में न होता। सुनाने के लिए मुझे ढूँढ़ता फिरता।

उस लड़की से पत्नी की कहीं दूर की रिश्तेदारी थी। एक दिन मैंने अप्रकट रूप से उस लड़की के विवाह आदि के बारे में बात की, तो उसने मुझे बताया कि किसी भी प्रकार शिव प्रसाद बाबू उसे टाल देना चाहते हैं—उनकी अपनी दो लड़कियों का रास्ता रुका है। उसका खयाल था कि साल भर के भीतर उसके 'पीले हाथ' कर दिये जाएँगे।

तब इस प्रेम-वीर का क्या होगा? यह क्या करेगा?—यही मैं सोचता था।

एक दिन कहने लगा—'भाई साहब, मैं उसकी तुलना में बहुत हीन हूँ। मुझे उसके योग्य बनना होगा। वह बड़े से बड़े संकट को शान्ति से सह लेती है और मैं जरा-सी आँच से उबल पड़ता हूँ।'

मैंने कहा—'अभी तक तो तुम दुनिया में अपने से श्रेष्ठ किसी को समझते ही नहीं थे।'

'हाँ, ऊँट पहाड़ के पास आ गया न अब!'

उसका अहं विसर्जित हो रहा था। इसके बिना न प्रेम होता है, न भक्ति होती है।

प्रेम को हजार आँखें देखती हैं, द्वेष का कोई खयाल नहीं करता। यह मामला धीरे-धीरे सब पर प्रकट होने लगा। दोनों परिवारों में चर्चा होने लगी। माँ और पत्नी कई बार मुझसे कह चुकी थीं, कि अगर कुछ गड़बड़ हुई, तो हम लोगों को कलंक लगेगा। विनोद हमारे परिवार का सदस्य सरीखा ही हो गया था। पास ही के मकान में रहता था और भोजन हमारे यहाँ करता था।

शिव प्रसाद बाबू ने भी एकाध बार मुझ पर चिन्ता प्रकट की थी। वे लड़की को टालना तो चाहते थे, पर इस तरह कि उनकी नाक ऊँची रहे और लोग प्रशंसा भी करें कि भाई की लड़की के लिए बाबू साहब ने बहुत किया। घर बैठे यह अच्छा लड़का उन्हें मिल गया था, इसलिए वे प्रसन्न थे। पर इसके माँ-बाप कुल, शील आदि का कोई पता नहीं था। उन्होंने भी जिम्मेदारी मुझे सौंप दी।

पर मुझे अभी इस लड़के के मन का ही ठीक पता नहीं था। जो हत्या करने के लिए छुरी पैनी करता रहता है, वह क्या विवाह करेगा?

एक दिन मैंने उससे कहा—'उस लड़की का जल्दी ही विवाह हो जाएगा।'

वह चौंक कर बोला—'फिर?'

'फिर क्या? फिर तुम सिनेमा के गानों की इकन्नी वाली किताब

खरीद लेना और तालाब के किनारे पागल जैसे विरह गीत गाते हुए घूमना।'

वह हँसते हुए बोला—'भाई साहब, आप तो प्रेम का भी मजाक उड़ाते हैं। आपने कभी प्रेम किया होता तो जानते।'

'तू मुझी को सिखाने चला है। प्रेम ही नहीं किया? तीन बच्चे का बाप हूँ।'

'उससे क्या होता है! यह तो विवाह हुआ, प्रेम नहीं। जिससे विवाह ही कर लिया, वह क्या प्रेम की चीज होती है?'

'तो तू जिससे प्रेम करेगा, उसे पत्नी नहीं बनाएगा?'

'बनाऊँगा क्यों नहीं? पर प्रेम तो करूँगा पहले। मेरा क्रम है—प्रेम, फिर विवाह। आपका विवाह, फिर बच्चे। प्रेम की 'स्टेज' गायब।'

मैंने कहा—'मजाक छोड़। यह बता—तूने भविष्य के बारे में कुछ सोचा है?'

'किसका भविष्य?'

'तेरा और उसका—दोनों के लिए सोचने की जिम्मेदारी तेरी है।'

'मैं क्या बताऊँ? इतना जानता हूँ कि वह मेरी है और रहेगी।'

मैंने जरा डाँटकर कहा—'देख, सिनेमा के 'डायलॉग' में बातें मत कर। ऐसा कहने से तेरे फिल्मों में काम चल जाता है, दुनिया में नहीं चलता। तू उससे विवाह करेगा?'

वह सोचकर बोला—'यह तो मैंने सोचा नहीं था। खैर, इसके बिना अगर न चला, तो यह भी कर लूँगा।'

मैंने बात आगे बढ़ाई—'पर वे लोग तेरे माता-पिता, कुल आदि के बारे में कुछ नहीं जानते।'

'उन्हें इससे क्या मतलब? प्रेम तो उनकी लड़की से है, उनसे तो नहीं है।'

'पर अगर वे इस कारण अपनी लड़की देने से इनकार कर दें तो?'

'आप भी भाई साहब, न जाने कैसी बातें करते हैं। लड़की कोई

'प्रापर्टी' है कि देना या न देना उनके हाथ में हो। मैं उसे लेकर भाग जाऊँगा। मुझे कौन रोक सकता है?'

मैं हँसा। वह मेरे मुँह की ओर क्रोध से देखने लगा। मैंने कहा—'सुभद्रा-हरण और संयोगिता-हरण का जमाना गया। अब जमाना बदल गया है।'

'कहाँ बदल गया है? अब भी तो लोग शादी के लिए सात पीढ़ियों का इतिहास पूछते हैं।'

वह तुनक गया था।

मैंने समझाया—'देख भई, मैंने तो तुमसे कहा नहीं कि तू जाकर प्रेम करने लग। तूने ही किया है। एक लड़की की जिन्दगी का सवाल है—उसे तू बहुत प्यार भी करता है। मान लो, वे शादी करने को राजी हो गए। पर यह जो छुरी तू रखे रहता है, उसका क्या होगा?'

वह उत्तेजित हो उठा। मैं उसकी प्रतिक्रिया देखना चाहता था। उसने आवेश में कहना शुरू किया—'उसे नहीं छोड़ सकता। वह काम तो मुझे करना ही है। बिना उसकी हत्या किये मुझे शान्ति नहीं मिल सकती। मेरी माँ क्या कहेगी? मैंने अपनी आँखों से माँ की लाश झूलती हुई देखी है।'

माँ ने कमरे में प्रवेश किया। वह चुप हो गया।

माँ ने यों ही हँसी में कहा—'विनोद, अपने पिता का नाम-पता तो बता दे। उन्हें बुलाना होगा, तब तो शादी होगी।'

वह जोर से चिल्लाया—'मुझे नहीं करनी है, शादी-वादी! पिता की कोई जरूरत नहीं है। मैं उनका मुँह भी देखना पाप समझता हूँ।'

इस बार वह मन को दबा नहीं पा रहा था। उत्तेजना में उसका नियंत्रण ढीला पड़ता जाता था।

मैंने जोर दिया—'नहीं, उन्हें तो बुलाना ही होगा। मैंने उनका पता-ठिकाना मालूम कर लिया है। उन्हें कल ही लिख रहा हूँ।'

वह घूरकर मेरी ओर देखने लगा। होंठ फड़कने लगे। चेहरा लाल हो गया। मुट्ठी कस गईं।

बोल उठा—'नहीं, हरगिज नहीं। वे अगर यहाँ आए तो मैं उनके कलेजे में छुरी घुसेड़ दूँगा।'

माँ और मैं स्तब्ध रह गए। उसने मुँह को हथेलियों से ढक लिया और कराहने लगा। अपनी ही बात से वह भयभीत हो गया था। कोई तीन-चार मिनट वह ऐसे ही बैठा रहा। हमने उसे छेड़ा नहीं।

फिर उसने सिर उठाया। उसकी आँखों में अंगारे थे। चेहरे पर गहरा विषाद और क्रोध!

उसने धीरे-धीरे कहना शुरू किया—'मुँह से बात निकल गई। अब तक उसे छिपाए रखना चाहता था। मगर अपने-आप पर मेरा ही वश नहीं रहा। हाँ, मैं कहता हूँ कि मुझे अपने बाप की हत्या करनी है?'

मैंने कहा—'क्यों? उन्होंने क्या किया है?'

वह बोला—'उन्होंने ऐसा काम किया है कि उन्हें जीने का एक दिन भी हक नहीं है। अभी तक उन्हें मैंने जीने दिया, यह मेरी गलती थी। उन्होंने मेरी माँ की जिन्दगी को असह्य बनाया और फिर उसकी जान ले ली।'

एक बार वाणी खुल जाने पर कोई रोक नहीं थी। यह उसका स्वभाव था। उस कमरे में, शाम के धुँधले में, वे दर्दनाक बातें उसने बताईं, जिन्हें वह हृदय की किसी भीतरी परत में बन्द किये था :

'पिताजी सरकारी कर्मचारी थे। मेरी छोटी बहन और मैं—दो सन्तानें थीं। बहन की मोतीझिरा से मृत्यु हो गई थी। पिताजी का वेतन मामूली था, पर खर्च चौगुना। घर का फर्नीचर बहुत कीमती। कपड़े हम लोग बहुत बढ़िया पहनते। आठवीं कक्षा में जब मैं आया, तब मुझे मालूम हुआ कि मेरे पिताजी घूस लेते हैं। कक्षा में हमारे शिक्षक कोई प्रसंग निकलने पर, घूस लेने वालों पर फब्तियाँ कसते, उन्हें नीच, पापी और बेईमान कहते, तो मैं माथा झुका लेता। बड़ी ग्लानि होती कि मेरे पिता घूस लेते हैं। जब वे मेरे लिए बढ़िया कपड़े लाते, तो उन्हें पहनते मुझे बड़ी झिझक होती।

मैं पढ़ने में बहुत तेज था और खूब खिलाड़ी भी। शरीर तो आप

देख ही रहे हैं। मैं बड़े लाड़-प्यार में पला। पिताजी मुझे बेहद प्यार करते थे—इकलौता लड़का था। मैं ध्यान से माँ-बाप की बातें सुना करता। माँ उन्हें बहुत समझाती थीं—'यह पाप का पैसा घर में मत लाओ। यह कुटुम्ब का नाश कर देता है। हमें रईसों की तरह नहीं रहना। किसी दिन कहीं पकड़े गए, तो तुम जेल जाओगे, और हम गली-गली टुकड़े माँगेंगे।' पर वे उसकी सुनते नहीं थे। अक्सर मैं देखता कि माँ आँखों में आँसू भरे उन्हें समझातीं और वे उन्हें 'बेवकूफ' कहकर दूर हटा देते।

पैसा बढ़ता जाता था और उसके साथ ही पिताजी के दुर्गुण। एक दिन मैंने जाना कि वे शराब भी पीने लगे हैं। उस दिन मुझे उनके पास से निकलने में भी घृणा लगी। तमाम किताबों में शराब की खराबियाँ बताई गई हैं। शराब के साथ शराबी भी घृणा का पात्र है।

पिताजी बहुत देर से घर लौटते और अक्सर नशे में धुत्त। माँ उन्हें समझातीं कि शराबखोरी की आदत छोड़ दो पर वे उन्हें उलटे गालियाँ देते। मेरी माँ द्वार पर देर रात तक बैठी रहतीं। पिताजी बेहोशी में आते तो वे उनका कोट उतारतीं, जूते खोलतीं। और पिताजी नशे में बड़बड़ाते। वह उनसे भोजन करने का आग्रह करतीं और वे उन्हें दुतकारते। वे किसी होटल में अक्सर खा आते।

माँ को मेरी चिन्ता विशेष थी। वे नहीं चाहती थीं कि मुझे यह सब मालूम हो और मेरे मन पर इसका प्रभाव पड़े। वे मेरे सामने उनसे बात नहीं करती थीं। रात को भी पिताजी से हाथ जोड़कर कहतीं कि धीरे बोलो; अगर लड़का सुनेगा, तो उस पर क्या असर पड़ेगा? पर पिताजी को होश ही नहीं रहता था। मैं उत्सुकतावश किवाड़ से कान लगाकर सब सुना करता और कमरे में आकर घंटों बैठा-बैठा सोचा करता।

मेरी माँ किस कदर अच्छी थीं! पिताजी की कितनी सेवा करती थीं! मुझे कितना प्यार करती थीं! वे मुझे पिताजी के दुर्गुण की छाया से बचाने का भरसक प्रयत्न करती थीं। कभी मैं अनावश्यक जिज्ञासा बतलाता, तो

वे डाँट देतीं, 'हट, तुझे बड़ों की बातों से क्या मतलब! तू तो खूब मन लगाकर पढ़। खूब बेफिक्री से खेल।' मुझे माँ की आँखों में गहरी विषाद की छाया दिखती।

मुझे पिताजी के साथ बैठने में न जाने कैसा लगता था। मेरे मन में एकदम आता कि यही रात को शराब पीकर अनाप-शनाप बकते हैं। शराब में उनका बहुत पैसा खर्च होने लगा और उसी क्रम से उनकी घूस बढ़ने लगी। माँ के मन में हमेशा आशंका बनी रहती। पिताजी को दफ्तर से लौटने में जरा देर हो जाती तो, वे घबड़ा उठतीं। बार-बार द्वार पर आकर देखतीं। कभी-कभी मुझे दफ्तर भेजकर दिखवातीं। कभी कोई पुलिस वाला सामने से निकलता, तो वे सशंकित हो जातीं।

मैं मैट्रिक में था। एक दिन रात को देर से लौटा तो द्वार पर पहुँचते ही मेरे कानों में माता-पिता की लड़ाई की भनक पड़ी। माँ कह रही थीं—'तुम उस चुड़ैल के यहाँ क्यों जाते हो? कितनी बदनाम औरत है वह। कितनों को उसने बेवकूफ बना रखा है। जब से यह पाप का पैसा घर में आ रहा है, तब से घर में आग लग गई है।' पिताजी लड़खड़ाती आवाज में चिल्लाए—'किस साले ने कहा तुझसे कि मैं उसके यहाँ जाता हूँ? और जाता हूँ तो क्या गुनाह करता हूँ? कौन यहाँ सन्त है...?'

मैं उस समय तक समझने लग गया था। मैं समझ गया कि पिता व्यभिचारी हैं। किसी दुश्चरित्र स्त्री के यहाँ जाते हैं। मुझे बड़ी ग्लानि हुई। अभी तक मैं सहपाठियों में सिर उठाकर चलता था। मेरा बड़ा सम्मान था। मैं सोचने लगा कि अगर इन्हें पता लग जाए कि मेरे पिता शराबी और व्यभिचारी हैं, तो ये मेरे बारे में क्या सोचेंगे? वे न जानते हों, पर मैं तो जानता था। मेरा माथा अपने-आप नीचा हो गया। मेरी बातचीत, व्यवहार-बर्ताव में हीनता का भाव आने लगा।

अब अक्सर रात को माँ और पिताजी की बहस छिड़ जाती। पिताजी उन्हें गाली देते और वह समझातीं। वे रात का खाना दोस्तों के साथ ही

क्लब में या होटल में खा आते। फिर भी माँ रोज खाना बनाकर उनके लिए बैठी रहतीं। शायद भूखे ही आवें? उनके आने के बाद अक्सर झगड़ा शुरू हो जाता और माँ भूखी ही सो जातीं।

दिन-पर-दिन हाल बिगड़ता ही गया। पिताजी माँ को पीटने भी लगे थे। एक दिन मैंने सुना—वे गाली बक रहे थे और पीट रहे थे। और माँ मेरे कारण रो भी नहीं पाती थीं। इतना सहकर भी वे कभी उनका अनादर नहीं करती थीं। उन्हें सुधारने का प्रयत्न करती रहतीं।

एक दिन मैंने उनके हाथ पर छड़ी की चोट के निशान देखे। मैंने कहा—'माँ, यह क्या है?' वे झट साड़ी में हाथ छिपाकर बोलीं—'कुछ नहीं! हाथ सिरहाने रखकर लेट गई थी, इसलिए निशान बन गया है।' मैं उनका मुँह देखने लगा।

उनकी आँखों से बरबस आँसू टपक पड़े। वे झट सँभल गईं। मेरे सिर पर हाथ फेरती हुई बोलीं, 'तुझे इससे क्या मतलब! तू तो खूब मन लगाकर पढ़। पढ़-लिखकर खूब बड़ा आदमी हो जाना, तब मैं तेरे पास ही रहूँगी।'

विनोद का गला रुँध आया था। आँखें सजल हो गईं। उसने आँसू पोंछे, गले को साफ किया और फिर कहने लगा :

'माँ के मुख पर फिर मैंने कभी हँसी नहीं देखी। वे चुपचाप मशीन की तरह काम करती रहतीं। पिताजी से उनकी बातचीत भी कम होती। वे घर की पूरी तरह अवहेलना करने लगे थे। माँ बड़ी असहाय अवस्था में थीं। कोई उनका अपना नहीं था, जिससे कहकर वे दुःख हल्का कर लेतीं, जिससे सहायता और सहानुभूति पा सकतीं। मेरी एक विधवा मौसी थीं जो कभी-कभी आतीं, दो-चार दिन रहकर यहाँ का रंग-ढंग देखकर वापस गाँव लौट जातीं।

पिताजी के एक चचेरे भाई का तबादला वहीं का हो गया। वे पिता के पास रहकर पढ़े थे और उनका पिताजी बहुत आदर करते थे।

एक दिन वे माँ के पास आए। मैं वहीं बैठा था। अब मुझसे कुछ छिपाया नहीं जाता था। मैं सब जान गया था। माँ कभी-कभी पिताजी के अड्डों पर मुझे उन्हें देखने भी भेजती थीं।

मैं उन्हें 'छोटे चाचा' कहता था। उनका नाम है—राधेश्याम। वे माँ से बोले, 'भाभी, भैया का यह क्या हाल है? मुझे गए तीन-चार साल ही हुए हैं। इतने में ही ये इतनी गलत राह पर चले गए! तुम क्यों ध्यान नहीं देतीं? वे बरबाद हो रहे हैं, हमारा घर बरबाद हो रहा है।' माँ ने उन्हें अपनी विवशता बताई। वे बोले, 'खैर, अब मैं आ गया हूँ। मैं उन्हें ठीक राह पर लाए बिना चैन नहीं लूँगा।' वे पिताजी को बहुत प्यार करते थे, उन पर अधिकार भी मानते होंगे। इसी कारण शायद उन्हें दूसरे दिन समझाया हो। रात को पिताजी बहुत पीकर और बहुत गुस्से में आए। द्वार से ही उनका बड़बड़ाना शुरू हो गया। मैं जाग रहा था। कमरे में पहुँचते ही उन्होंने माँ को एक थप्पड़ मारा और चिल्लाए—'तूने राधेश्याम से क्या कहा था? बोल!...मेरी बदनामी करती है? मेरी शिकायत करती है?' कितनी ही गा़लियाँ बकते रहे। माँ चुपचाप सहती गईं। एकाध बार समझाने के लिए बोलीं, तो फिर थप्पड़ पड़ी।

मैं बिलकुल निर्जीव-सा पलंग पर पड़ गया। नींद भाग गई थी। सोचता था कि कहीं माँ को लेकर चला जाऊँ। मेहनत-मजदूरी करके दोनों का पेट पाल लूँगा। इस साँसत से तो जान को छुटकारा मिलेगा।

सबेरे मैंने माँ से कहा, 'माँ, मैं तो यहाँ अब नहीं रह सकता। तू तो मेरे साथ चल। मैं कहीं काम करूँगा और तू मजे से रहना।' वे बोलीं, 'तू खूब पढ़ तो ले। फिर तेरे ही पास रहूँगी...पढ़ाई बीच में नहीं छोड़ना चाहिए।' मेरा सिर गोद में लेकर बालों को सहलाती हुई बोलीं, 'विनोद, अब तो तू बड़ा हो गया है। कालेज में पढ़ता है। मैं नहीं भी रही, तो तू अपनी पढ़ाई तो करता जाएगा न?' मैंने मुँह घुमाकर उनके मुख को देखा। वे आँचल से आँसू पोंछ रही थीं। मैंने कहा, 'माँ, तू कहाँ चली जाएगी?

मुझे छोड़कर तू नहीं जा सकती।' उन्होंने कोई जवाब नहीं दिया।

मेरे छोटे चाचा पिताजी को सुधारने की कोशिश में लगे थे। वे उनसे कई बार इस बारे में कह चुके थे। कभी-कभी गरम बहस भी हो जाती थी। पिताजी सारा गुस्सा आकर माँ पर उतारते।

पिताजी मेरी माँ के चरित्र पर भी सन्देह करने लगे थे। यह मुझे बहुत पीछे मालूम हुआ। छोटे चाचा को उनके मामले में इतनी दिलचस्पी लेने तथा माँ का पक्ष लेने के कारण ही उनकी धारणा बनी होगी।

आखिर वह रात आई, जिसे मैं कभी नहीं भूलता। उस रात की एक-एक घटना, एक-एक बात मुझे याद है। मैं रात को देर तक पढ़ रहा था। अचानक दरवाजा जोर से खुला और पिताजी बकते हुए भीतर आए। उनके हाथ में छड़ी थी। उस दिन उन्होंने मेरा भी खयाल नहीं किया। वे माँ को छड़ी से पीटने लगे। वे पागल जैसे हो गए थे। बहुत जोर से बड़बड़ाते जाते थे—'हरामखोर, बदचलन, कुलटा! जा, उसी के साथ क्यों नहीं रहती? इतना प्रेम है न? उस बदमाश को मेरे पीछे जासूस की तरह लगा रखा है। आज वह क्लब में जाकर मुझसे बहस करने लगा। मुझ पर पाबन्दी लगा दी है। पापिन, तू मुझे ज्ञान सिखाती है? जा, उसी के साथ!' वे फिर बेंत मारने लगे। माँ बोल नहीं पा रही थीं। वे जमीन पर गिर पड़ीं। फिर भी जब पिताजी ने मारना बन्द नहीं किया, तो मैंने जाकर बेंत पकड़ लिया। पता नहीं क्या सोचकर वे बेंत वहीं छोड़कर अपने कमरे में चले गए।

माँ उठी। कपड़े ठीक किये। वे आश्चर्यजनक ढंग से शान्त थीं। उन्होंने मुझसे बड़े धीमे कहा, 'जा बेटा, सो जा।' इसके बाद वे धीरे-धीरे अपने कमरे में चली गईं। मैं जाकर लेट गया। मेरी नींद भाग गई थी। न जाने कब तक जागता रहा और न जाने कब नींद लग गई!

सबेरे काफी जल्दी अचानक मेरी नींद खुल गई। एक अज्ञात आशंका से मैं एकदम माँ के कमरे में गया। धक्का देते ही दरवाजा खुल गया—सामने उनकी निर्जीव देह रस्सी से झूल रही थी।'

वह रुका। उसका बड़ा बुरा हाल था। माँ भी आँसू पोंछ रही थीं। वह माथा नीचा किये बैठा था।

उसने फिर सिर उठाया और बोला—'इसके बाद जो रस्म अदा होती है, वह हुई। तरह-तरह की बात बनाकर पिताजी बच गए। मैं पागल-सा हो गया था। घर में यहाँ-वहाँ से आईं औरतों की खुस-फुस मैंने सुनी। माँ के बारे में वे अच्छा नहीं कहती थीं।

आप मेरी वेदना का अन्दाज नहीं कर सकते—मैं, जिसका पिता शराबी और व्यभिचारी हो; जिसकी माता व्यभिचारिणी हो, मैं जीवित कैसे रहूँ? मेरा दम घुटने लगा। असीम श्रद्धा की पात्र मेरी माँ के बारे में ये लोग क्या कहते हैं! क्या वे वास्तव में वैसी थीं? अगर थीं, तो मुझे इसी क्षण जीवन का अन्त कर लेना चाहिए। मैं उस समय आत्महत्या करने पर तुल गया था। पर मेरा मन कहता था कि मेरी माँ अत्यन्त पवित्र थीं।

मैंने अपनी उसी मौसी से एकान्त में पूछा, 'मौसी, तुम ईश्वर की कसम खाकर बताओ, यह जो माँ के बारे में बात सुनी जा रही है...।' मौसी ने कानों पर हाथ रखकर कहा, 'बेटा, ये सब झूठे और पापी हैं। सबसे बड़े झूठे और नीच हैं, तेरे बाप। वह साध्वी थी; परम पवित्र। तेरे बाप ने झूठे शक पर उसकी जान ले ली। वह साध्वी उनके मुख से ऐसी बात सुनते ही इस संसार से खुद ही चल दी।'

मैं वहाँ से उठा, तो मेरा मन अपने पिता के प्रति घृणा और हिंसा से भर गया। मुझे लगा कि मैं उन्हें मार डालूँ और फिर स्वयं मर जाऊँ। बार-बार माँ का मुख मेरी कल्पना में झूल जाता; फिर उनका वह रस्सी से टँगा हुआ निर्जीव शरीर! मैं पागल हो गया। मैंने जाकर दीवार से सिर दे मारा। मेरे रोम-रोम में आग जल रही थी; मेरे भीतर भयंकर रूप से क्रोध और प्रतिशोध उमड़ रहे थे। पिताजी अगर उस वक्त घर में होते तो मैं उन्हें उसी वक्त मार डालता।

वहाँ मेरा दम घुटने लगा था। एक क्षण ठहरना मुझे असह्य लग रहा था। मैं उठा और चल दिया।

मुझे होश नहीं था। मैं अन्धे की तरह चला जा रहा था। मैं स्वयं बाप की मौत टालकर आ गया। लेकिन मेरे भीतर ज्वाला सुलगती रही। दिन-पर-दिन मेरा प्रतिशोध बढ़ता रहा है। मैं अगर उसके सामने पहुँच जाऊँ, तो अपने को रोक नहीं सकता। मैं उसके कलेजे में जरूर छुरी भोंक दूँगा। वह मेरा बाप नहीं, दुश्मन है। मैं उसे छोड़कर, उसके प्राण लिये बिना चला आया, इतना कर्तव्य पुत्र का मैंने अदा किया। मगर अब वह बहुत जी लिया। अब मैं उसके प्राण लेकर रहूँगा। यह छुरी मैंने उसी के लिए रखी है।

वह बिलकुल शिथिल हो गया। क्रोध और उत्तेजना से वह पसीने-पसीने हो गया था। दम लेकर वह बोला—'अब मैं तुमसे पूछता हूँ माँ, मैं अगर बाप की हत्या करूँ, तो कोई गलत काम करूँगा?'

वह माँ के मुख की ओर देख रहा था। वह उत्तर चाहता था।

माँ ने बड़ी दृढ़ता से कहा—'नहीं!'

वह माँ के पैरों से लिपट गया। रोते-रोते कहने लगा—'माँ, तुमने मेरी पीर समझी है। तुमने सच्चा न्याय किया है।'

माँ ने उससे कहा—'अब तू बिलकुल शान्त हो जा। पहले तू जाकर हाथ-मुँह धो ले। जल्दी आ जा, तुझे खाना खिला दूँ। तूने सारी बात बता दी। अब तू आराम से सो जा। बाद में बैठकर आगे की सोचेंगे।'

वह काफी हल्का हो गया था। उसके मन में जो इतने दिनों से चल रहा था, वह उसने कह दिया। माँ के उत्तर ने उसे बड़ी सान्त्वना दी। उसका आवेश बहुत ठंडा पड़ गया था।

दूसरे दिन माँ ने उसे बुलाया। आज वह शान्त लग रहा था। पर चेहरे पर दुख की छाया स्पष्ट थी। माँ ने उसे याद दिलाई। फिर पूछा—'क्यों विनोद, तेरे पिता ने तेरी खोज नहीं की?'

'बहुत की! पर मैं यहाँ से वहाँ घूमता रहा। इस शहर में तो सिर्फ दो साल से हूँ। अब उन्होंने मुझे मरा या खोया हुआ मान लिया है।'

'तो अब तेरा इरादा क्या है? पिता पर अभी भी तुझे वैसा ही क्रोध है? अभी भी तू उन्हें दंड देना चाहता है?'

'हाँ, माँ, यह निश्चय किसी प्रकार बदल नहीं सकता।'

'लेकिन मुझे ऐसा समझ में आता है कि बाप का इकलौता बेटा यदि उसे छोड़ दे, तो उस बाप के लिए यही बहुत बड़ा दंड है। उसके लिए जीवित मृत्यु हो जाती है।'

'होती होगी। मेरे पिता दूसरे किस्म के हैं, उनका अपराध दूसरे किस्म का है। मेरी माँ की आत्मा को शान्ति कैसे मिलेगी?'

'देख, मैं भी माँ हूँ। मैं ज्यादा अच्छी तरह जानती हूँ कि माँ की आत्मा को शान्ति किस बात से मिलती है। माँ की आत्मा को शान्ति इससे कभी नहीं मिलती कि उसका बेटा हत्या करे और फाँसी पर टँगे। उसे तब शान्ति मिलती है जब लड़का सुख से रहे; अच्छा आदमी बने।'

माँ धीरे-धीरे बहुत सहानुभूति से उसके मन को थपथपाती गईं। उसका विरोध करने से वह गरम हो जाता है। माँ ने उसकी बात मान ली थी, इसलिए उनकी बातों को वह बड़ी शान्ति से सुन रहा था। पर उसका हठ अभी टूटा नहीं था।

वह बोला—'तुम्हारी बात ठीक हो सकती है, माँ। पर मेरे लिए कोई दूसरा रास्ता नहीं है। मुझे माँ का यह ऋण चुकाना है।'

माँ ने कहा—'तेरी माँ क्या मुझसे कुछ भिन्न थीं? क्या वे यही चाहती होंगी कि तू पिता की हत्या करे? तेरे कहने से तो मालूम होता है कि वे देवी थीं। उन्होंने अब तक माफ कर दिया होगा।'

वह बोला—'वे माफ कर सकती हैं; मैं माफ नहीं कर सकता। मेरे पिता ने मेरी माँ पर अत्याचार किया है। मेरी आत्मा, आस्था को कुचल दिया है।...जिन्दगी को बिगाड़ दिया है। पिताजी ने मेरी माँ को छीना, मुझे

पाप और घृणा संस्कार के रूप में दिये। उन्होंने मुझे बड़े घृणित और हृदयविदारक दृश्य दिखाए हैं। मेरे भीतर ज्वाला धधक रही है; वह शान्त नहीं हो सकती। मैं अपने-आप को खूब समझाता हूँ, पर मेरा मन किसी कदर नहीं मानता।'

मैं अब बोला—'तो तेरे कहने का यह मतलब हुआ कि तू अपनी प्रतिशोध की ज्वाला को शान्त करना चाहता है? ठीक है, कर। माँ, मुझे ऐसा लगता है, कि विनोद के इस निश्चय से हमारा उतना सम्बन्ध नहीं, जितना सुषमा का। इसके ऐसा कर बैठने से हम लोगों को बहुत दुःख होगा, यह सही है, पर हमारी जिन्दगी पर उसका प्रभाव कुछ विशेष नहीं होगा। पर सुषमा की जिन्दगी तो बिलकुल ही नष्ट हो जाएगी। माँ पर किये गए अत्याचार का बदला लेने में यह स्वयं अपनी पत्नी की जिन्दगी नष्ट कर देगा। इसलिए उचित यही है कि विनोद अपना इरादा सुषमा के सामने पहले ही प्रकट कर दे और इस स्थिति के प्रकाश में वह अपना भविष्य निश्चित कर ले।'

माँ ने मेरी बात का समर्थन किया।

'क्यों विनोद, ठीक है न?' मैंने उससे पूछा।

'ठीक है, मैं किसी को धोखे में नहीं रखना चाहता। उसे सब स्पष्ट कर दूँगा।' उसने कहा।

वह थोड़ी देर बाद चला गया।

दूसरे दिन वह नहीं मिला। तीसरे दिन आया। चेहरा खुश्क, बाल सूखे बेतरतीब; आँखें लाल—बड़ा बदहवास! रात्रि जागरण किया था, ऐसा मालूम होता था। उसके मुख पर मानसिक त्रास की छाप स्पष्ट थी।

वह टूटा-सा कुर्सी पर बैठ गया।

मैंने माँ को आवाज दी। वे आकर बैठ गईं। उसकी हालत देखकर वे भी चिन्तित हुईं।

उसने धीरे-धीरे कहना शुरू किया—'मुझे कुछ नहीं सूझता। मेरी बुद्धि

बिलकुल काम नहीं कर रही है। मैं पागल हो जाऊँगा। मुझे कुछ समझ में नहीं आता।'

मैंने पूछा—'तू सुषमा से मिला था?'

'हाँ, मिला था, पर उसने तो मेरी उलझन और बढ़ा दी। वह बड़ी विचित्र है। मेरी बात सुनकर वह बोली—'मैं आपको नहीं छोड़ सकती। और फिर आपको कुछ हो गया तो आपका अपराध मैं अपने ऊपर ओढ़ लूँगी। क्योंकि तुम्हारे न रहने पर तो मेरा जीवन मृत्यु से बदतर हो जाएगा'।'

सब कहने के बाद उसने पूछा—'अब बताइए, मैं क्या करूँ? मैं तो कुछ सोच ही नहीं सकता।'

माँ ने कहा—'बड़ी महान लड़की है वह। तेरे हठ के लिए प्राण देने पर उतारू है। तेरा अब तक का जीवन और भविष्य का भयंकर विचार जानकर भी, वह अपनी जगह पर डटी है।'

वह बोला—'हाँ, यह तो मुझे मालूम है कि वह मुझसे बहुत बड़ी है। मैं बिलकुल उसके योग्य नहीं हूँ।'

मैंने कहा—'उसने स्वयं तुझे राह बता दी है।'

वह चौंका। मेरी ओर ऐसे देखने लगा जैसे मैंने कोई बड़ी अनुचित बात कह दी हो।

बोला—'यह क्या कहते हैं, भाई साहब? मैं क्या यह बर्दाश्त कर सकता हूँ कि वह मेरे कारण प्राण दे दे? मैं इतना स्वार्थी, नीच नहीं हूँ।'

माँ ने कहा—'तो फिर दूसरा रास्ता यह है कि तू उसे त्याग दे। फिर जैसा होगा, वह भुगतेगी। तेरे लिए वह बलिदान करने को तैयार है। ऐसी लड़की का क्या होगा, कह नहीं सकते। फिर भी तू दूर हट जाएगा, तो वह जैसा ठीक समझेगी, करेगी।'

वह काँप उठा—'नहीं, नहीं, माँ उसे त्यागने की कल्पना भी मेरे लिए 'असह्य' है। मैं ऐसा नहीं कर सकता।'

मैंने कहा—'तेरे सामने दो मार्ग हैं। मैं स्पष्ट करके बतलाता हूँ। तू

खूब विचार करके अभी तय कर ले। अभी, आज ही तय करना होगा। यह बात अब आगे नहीं खींची जा सकती। तेरे पास एक छुरी है, जिसे तू कई वर्षों से पास रखे है, जिसे तू प्रिय संगिनी की तरह लिये फिरता है। और अब हाल ही में तुम्हें यह नारी प्राप्त हुई है जिसे तू प्राणों के समान प्रिय मानता है। तू उससे विलग होने की कल्पना भी नहीं करना चाहा। पर ये दोनों तुझे प्राप्त नहीं हो सकतीं। वह छुरी जिसे तू अपने पिता के कलेजे में भोंकना चाहता है, वास्तव में उस नारी के कलेजे को बेधेगी। तू दोनों में से एक को चुन ले। तुझे क्या चाहिए—प्रतिशोध, जिसे तूने वर्षों से हृदय में पाला है; या प्रेम, जो हाल ही प्राप्त हुआ है और जिसने तेरे तन-मन को घेर लिया है? घृणा या प्रणय—दोनों के लिए हृदय में स्थान नहीं हो सकता। एक को अंगीकार करने के लिए दूसरे का त्याग करना होगा। किसी और के लिए चाहे दोनों की स्थिति साथ-साथ सम्भव हो, पर तेरे सम्बन्धों की प्रवृत्ति भिन्न किस्म की है। तू निर्णय ले ले, तुझे क्या चाहिए? छुरी या सुषमा? अगर छुरी प्यारी है तो तू इसी वक्त शहर छोड़कर चला जा और फिर कभी इधर मुँह मत करना। और अगर सुषमा तुझे चाहिए, तो वह छुरी जेब से दूर कर उसे त्याग। बिलकुल स्पष्ट मार्ग है। अब तू तय कर ले।'

मैं चुप हो गया। उसके निर्णय की राह देखने लगा।

वह उठकर खिड़की के पास खड़ा हो गया। बाहर आसमान की ओर देखने लगा। उसकी पीठ हमारी ओर थी। पीछे बँधे हाथों की उँगलियों की तेज हलचल बताती थी कि उसके मन में कितना तीव्र संघर्ष चल रहा है; सोचते-सोचते उसका सिर काँप उठता। वह घबड़ाकर हाथों से मुँह को ढाँक लेता।

बड़ी देर तक वह खड़ा रहा।

हम साँस रोके उसके मुड़ने की प्रतीक्षा कर रहे थे।

आखिर उसने मुँह फेरा।

उसके मुँह पर स्थिरता थी, निश्चय की दृढ़ता थी।

टेबल के पास वह खड़ा हो गया। बड़ी जमी हुई स्थिर वाणी में बोला—'मैंने निर्णय कर लिया है।'

'क्या?' माँ और मेरे मुँह से एक साथ ही निकला।

उसने कहा—'मैं इस छुरी का त्याग करता हूँ।'

उसने जेब से छुरी निकालकर टेबल पर रख दी।

माँ ने कहा—'मुझे यही आशा थी, बेटा!'

मैंने उसे भुजाओं में भर लिया। कहा—'तुम वास्तव में बहादुर हो। सच्चे मनुष्य हो।'

उसके मुख पर शान्ति थी।

छुरी की ओर संकेत करके वह बोला—'इसे सँभालिए। मैं इसके भार से मुक्त हुआ।'

मैंने मजाक किया—'इस शस्त्र का समर्पण तो उसी योद्धा के सामने करना जिसने तुझे परास्त किया है?'

माँ हँस दी।

वह बोला 'यानी कौन?'

मैंने कहा—'सुषमा!'

वह हँस पड़ा।